閻錫山故居所藏第二戰區史料

第二戰區
抗戰大事記
（1937-1939）

**Historical Documents of the Second Theater
in the Yan Hsi-shan's Residence**

The Daily Records of the Second Theater

in the Second Sino-Japanese War,

1937-1939

編序

呂芳上
民國歷史文化學社社長

一

　　閻錫山，字伯川，光緒 9 年（1883）生於山西五
臺縣河邊村。先入山西太原武備學堂，後東渡日本，進
入東京振武學校就讀，步兵第三十一聯隊實習，再至日
本陸軍士官學校攻研。在東京時，因結識孫中山，而加
入中國同盟會，從事革命工作。畢業後，返回山西，擔
任山西陸軍小學教官、監督，新軍第二標教官、標統。
辛亥革命爆發後，10 月 29 日，領導新軍發動起義，呼
應革命，宣布山西獨立。

　　閻錫山自民國元年（1912）擔任山西都督起，歷任
山西督軍、山西省長。國民政府北伐以後，更於民國
16 年（1927）6 月舉旗響應，擔任過國民革命軍北方總
司令、國民政府委員、第三集團軍總司令、中國國民黨
中央政治會議太原分會主席、軍事委員會委員、平津衛
戍司令、內政部部長、蒙藏委員會委員長、中國國民黨
中央執行委員、陸海空軍副總司令、軍事委員會副委員
長、太原綏靖主任等職。

　　抗戰爆發，軍事委員會為適應戰局，劃分全國各接
戰地帶，實行戰區制度，閻錫山於民國 26 年（1937）
8 月 11 日就任第二戰區司令長官，統率山西軍民對抗

II 　閻錫山故居所藏第二戰區史料 **第二戰區抗戰大事記**（1937-1939）
Historical Documents of the Second Theater in the Yan Hsi-shan's Residence
The Daily Records of the Second Theater in the Second Sino-Japanese War, 1937-1939

日軍侵略，雖軍力落差，山西泰半淪陷，但閻錫山幾乎都坐鎮在司令長官部，民國38年（1949）接掌中央職務之前，沒有離開負責的防地。

抗戰勝利後，閻錫山回到太原接受日本第一軍司令官澄田𥇍四郎的投降，擔任山西省政府主席、太原綏靖公署主任。民國38年（1949）6月，在風雨飄搖中接任行政院院長，並兼任國防部部長，從廣州、重慶、成都到臺北，締造個人政治生涯高峰。39年（1950）3月，蔣中正總統復行視事，政局穩定後，率內閣總辭，交棒給陳誠。

從辛亥革命起，閻錫山在山西主持政務，既為地方實力派人物，矢志建設家鄉，故嘗大力倡導軍國民主義，推行六政三事，創立村政，推動土地改革、兵農合一等制度，力圖將山西建立為中華民國的模範省。此期間，民國政治雲翻雨覆，未步軌道，許多擁有地方實權者，擅於玩弄權力遊戲，閻氏亦不能例外。

民國39年（1950）3月，閻錫山卸下閣揆後，僅擔任總統府資政，隱居於陽明山「種能洞」。在人生中的最後十年，悉心研究，著書立說。民國49年（1960）5月病逝，葬於陽明山故居之旁。

二

閻錫山一向重視個人資料之庋藏，不只廣為蒐集，且善加整理保存。其個人檔案於民國60年（1971）移交國史館以專檔保存，內容包括「要電錄存」、「各方往來電文」、日記及雜件等，均屬民國歷史重要研究材

料。民國 92 年（2003）國史館曾就閻檔 27 箱，選擇
「要電錄存」，編成《閻錫山檔案》十冊出版，很引起
學界重視。這批史料內容起於民國元年（1912）迄於民
國 15 年（1926），對 1910 年代、1920 年代北京政局
變換歷史的了解，很有幫助。

　　民國歷史文化學社致力於民國史史料的編纂與出
版，近年得悉閻錫山在臺北故居存有閻錫山先生所藏親
筆著作、抗戰史料、山西建設史料等豐富典藏，對重構
民國時期山西省政輪廓，尤見助益，本社遂極力爭取，
進而出版以嘉惠士林。民國 111 年（2022），本社承臺
北市政府文化局與閻伯川紀念會之授權，首先獲得機會
出版「閻錫山故居所藏第二戰區史料」叢書，內容包含
抗戰時期第二戰區重要戰役經過、第二戰區的經營、第
二戰區重要人物錄、第二戰區為國犧牲軍民紀實，以及
第二戰區八年的大事記等，均屬研究第二戰區與華北戰
場的基本重要資料。

三

　　最近幾年海峽兩岸競相出版抗戰史料，對抗戰史之
研究，雖有相當幫助，但許多空闕猶待彌補，即以戰區
設立為例，是政府為考量政治、補給、戰略與戰術需要
而設立的制度，初與軍委會委員長行營並行，其規模與
人事，常隨著時局、情勢有所變動。民國 26 年（1937）
8 月設有第一至第九戰區、一個綏靖公署，次年 8 月後
調整為第一至第十戰區，另設兩個游擊戰區、一個行
營。其所轄地域、人事異動、所屬軍系，中央與戰區的

IV 閻錫山故居所藏第二戰區史料 **第二戰區抗戰大事記**（1937-1939）
Historical Documents of the Second Theater in the Yan Hsi-shan's Residence
The Daily Records of the Second Theater in the Second Sino-Japanese War, 1937-1939

複雜關係，戰區與戰區間的平行互動，甚至戰區與中共、日敵、偽軍之間的詭譎往來，尤其是戰區在抗戰時期的整體表現，均可由史料的不斷出土，獲致進一步釐清。

「閻錫山故居所藏第二戰區史料」的出版，不只可以帶動史學界對第二戰區的認識，而且對其他戰區研究的推進，甚而整體抗日戰史研究的深化，均有一定意義。這正是本社出版這套史料叢書的初衷。

編輯說明

　　《第二戰區抗戰大事記》收錄閻錫山故居庋藏「第
二戰區抗戰大事記」與「第二戰區抗戰大事表」，由第
二戰區司令長官司令部現代化編譯組負責編纂。資料內
容起自民國 26 年 7 月 7 日蘆溝橋事變當天，終至民國
34 年 7 月 2 日。每份原稿，均是由前一年度的 7 月 7
日，至後一年度的 7 月 6 日，幾乎完整記錄了抗戰八年
第二戰區的歷程。

　　本社特將八年份的大事記，以兩年為一本，分成
1937-1939、1939-1941、1941-1943、1943-1945，共四本
出版，並保留原件的日期模式。

　　原件大事記為表格形式，分「二戰區」、「國內」、
「國際」三個欄位，記錄當天第二戰區的重要情勢，以
及編譯組認為重要的國內與國際消息。本書出版時，則
將表格欄位簡化，改以條列表示。

　　為保留原稿抗戰時期第二戰區的視角，書中的
「奸」、「逆」、「偽」等用語，予以維持，不加
引號。

　　書中或有烏焉成馬，也一概如實照錄，不加修改。
例如浙江、廣東等地的地名，或外國的人名、地名，偶
見有謄錄錯誤之處，或可窺見身處山西克難坡窰洞中的
編譯組成員們，對外界的理解。

　　此外，為便利閱讀，部分罕用字、簡字、通同字，

VI 閻錫山故居所藏第二戰區史料 **第二戰區抗戰大事記**（1937-1939）
Historical Documents of the Second Theater in the Yan Hsi-shan's Residence
The Daily Records of the Second Theater in the Second Sino-Japanese War, 1937-1939

在不影響文意下，改以現行字標示。原稿無法辨識，或因年代久遠遭受蟲蛀、汙損的部分，以■表示。原稿留空處，則以□表示。長官閱覽時的批註，以〔 〕表示。編輯部的註解，則以【】表示，如當日未記錄任何內容，註明【無記載】。

　　以上如有未竟之處，尚祈方家指正。

目錄

ii 　閻錫山故居所藏第二戰區史料 **第二戰區抗戰大事記**（1937-1939）
Historical Documents of the Second Theater in the Yan Hsi-shan's Residence
The Daily Records of the Second Theater in the Second Sino-Japanese War, 1937-1939

原序

第二戰區司令長官司令部現代化編譯組

　　古之作史者，紀、傳、志、表並重。蓋紀所以辨系統，記本末；傳所以著人物，彰言行；志所以誌典章，明因革；至於表者，則以時為經，舉要提綱，綜合而誌其概略者也。文簡而明，事賅而詳，綱舉目張，稽考便利，乃其所長。如世表、年表、月表皆其彰彰著者。歐美史籍，亦重斯義，或製專冊，或附編末，學者每認為治亂理棼，比較參照之要具。抗戰以來，二戰區內之一切演變，皆極繁劇，雖曰各有專編載記，而卷秩較繁，驟難尋繹，故大事表之作，誠不容緩。本表起自雙七事變，以第二戰區為主體，舉凡有關抗戰之設施事蹟，無論軍政、民運，咸逐日擇要記入。另附國內、國際兩聯，擇其尤要者而記之，以便參照。庶幾展卷瞭然，可觀其會通焉。

民國 26 年（1937）

7 月 7 日
國內

本晚十一時四十分，在蘆溝橋演習之日軍，藉口走失士兵二名，欲大隊入宛平縣城搜查，我守軍廿九軍馮師吉團拒之，日軍開砲轟城，遂起衝突，是謂蘆溝橋事變。

7 月 8 日
國內

日軍佔領蘆溝橋車站，並包圍宛平縣城。

中日各派員開始在宛平縣談判，日方堅主日軍入城，我軍退出，我方不允，晚衝突又起。

7 月 9 日
二戰區

閻主任通令晉、綏各地駐軍戒備。

國內

北平政委會我方代表與日代表一再折衝，決將宛平防務，交由石友三之保安隊接防，日軍撤回原防。

軍委會通令全國戒嚴。

7 月 10 日
國內

日軍未遵約撤退，並續增兵六百餘，向我接防之保

4　閻錫山故居所藏第二戰區史料 **第二戰區抗戰大事記**（1937-1939）
Historical Documents of the Second Theater in the Yan Hsi-shan's Residence
The Daily Records of the Second Theater in the Second Sino-Japanese War, 1937-1939

安隊轟擊。

通州城外，日我軍發生衝突。

我外部向日使館提出書面抗議。

7月11日

國內

北郊豐台一帶，中日兩軍不斷衝突。

日派陸軍中將香月清司為華北駐屯軍司令官。

我外部公佈日軍挑釁經過。

宋哲元由樂陵原籍抵津。

國際

東京情形緊張首相及外、陸、海、藏四相召開緊急會議。

7月12日

國內

南京及北平中日外交人員均在尋覓事變解決途徑。

敵機二百餘架，集中天津。

滬日陸戰隊示威。

7月13日

國內

日軍續由通州經北平開赴豐台與我軍激戰。

宋哲元在津召集各機關首領談話，聲明報載接受條件非事實。

國際

英向美提出照會，關於中日糾紛，建議取共同行動。

7 月 14 日
國內

平津局勢暫安定，交涉重心移天津。

敵陸軍第五師團長板垣乘軍用機到津。

敵動員三師團來華作戰。

國際

日拒絕第三國調停中日爭端。

7 月 15 日
二戰區

閻主任令綏境各工作部隊特別嚴防並星夜趕築工事。

國內

敵第五師團步砲兵萬五千人抵秦皇島。

7 月 16 日
國內

敵軍由榆入關兵車絡繹不絕。入關部隊，達五師團
以上，人數約十萬餘。敵強佔。

7 月 17 日
國內

蔣委員在蘆溝橋發表談話，稱：蘆溝橋事變為我國
最後關頭。

6　閻錫山故居所藏第二戰區史料 **第二戰區抗戰大事記**（1937-1939）
Historical Documents of the Second Theater in the Yan Hsi-shan's Residence
The Daily Records of the Second Theater in the Second Sino-Japanese War, 1937-1939

敵動員四十萬作對華侵略用。

敵軍達到豐台者已三千人。

我送備忘錄與九國公約簽字國。

國際

日首相召開五相會議，商對華北事變及國際關係應取態度。

英德海軍協定成立。

7月18日

二戰區

太原市開始疏散人口，綏省兩署嚴令公務人員送眷返里。

國內

敵機一架飛平漢線順德上空向我北上列車掃射。

敵在豐台設最高司令部。

宛平城外敵軍又向我軍開槍射擊。

國際

日陸軍省發言人發表聲明謂日決採急進政策，以期迅速清朗時局。

7月19日

國內

我外部就日機射擊平漢路列車事，向日提出嚴重抗議。

日便衣隊在平郊清華大學附近與我軍發生激戰。

7 月 20 日

國內

宋哲元由津抵平。

日軍千餘攜重武器增駐蘆溝橋,並砲擊宛平縣城,我守軍沉著應戰。

日方以通牒致宋哲元要求三十七師限今午撤退。

蔣委員長離牯嶺乘飛機返京。

7 月 21 日

二戰區

太原市積極作防空準備。

國內

平市日我兩方仍在進行和平談判。

蘆溝橋以西我軍奉令撤後二里。馮治安部退出北平。

日在北倉完成大飛機場。

7 月 22 日

國內

蘆溝橋平漢線以南之日軍撤至豐台。

日機三架飛保定偵察。

國際

英外相艾登在下院聲明,在中日糾紛期間,停止與日談判。

8 | 閻錫山故居所藏第二戰區史料 **第二戰區抗戰大事記**（1937-1939）
Historical Documents of the Second Theater in the Yan Hsi-shan's Residence
The Daily Records of the Second Theater in the Second Sino-Japanese War, 1937-1939

7月23日

國內

平西大小井村一帶之日軍仍積極增加，該地後撤之我軍亦向前增防。

原駐平郊之馮治安師奉令開拔，轉駐保定、涿州。

7月24日

二戰區

綏邊吃緊，閻主任電綏主席傅作義嚴防。

國內

中央最高當局召開緊急會議，各部會長一律出席，交換華北重要意見。

日軍開至華北總數達十萬人以上。

7月25日

國內

蘆溝橋日軍未遵約撤退，我方繼與折衝。

日軍向我廊坊駐軍攻擊。

7月26日

國內

華北駐屯軍香月司令向宋哲元發出最後通牒，要求北平內外我軍於廿七日正撤退。

日陸空軍出動向平郊我軍進攻，雙方發生激戰。

7 月 27 日

國內

宋哲元發表聲明決拒絕日方要求。

日軍向我北平廣安門襲擊，一部又攻我通縣駐軍。

我外部發表聲明，謂蘆溝橋事變，釁自日開，責由日負。

國際

日內閣召開緊急會議。

7 月 28 日

國內

冀東保安司令在通州反正，殷汝耕下落不明。

日大舉進攻，蘆溝橋、豐台、廊房，及天津附近均有激戰。

國際

日眾院通過華北事變追加預算案。

7 月 29 日

國內

南宛團河血戰，趙登禹、佟麟閣殉國。

宋哲元、秦德純抵保定。

張自忠留平與日方商善後。

蔣委員長堅決表示領導全國捍衛國家，抗戰到底。

日機狂炸天津市到處大火。

10　閻錫山故居所藏第二戰區史料 **第二戰區抗戰大事記**（1937-1939）
Historical Documents of the Second Theater in the Yan Hsi-shan's Residence
The Daily Records of the Second Theater in the Second Sino-Japanese War, 1937-1939

7月30日

國內

大沽我軍撤退。

天津我軍撤退。

日陸空軍合攻西山我軍。

敵機炸保定。

7月31日

國內

敵軍六千餘向平綏線北開，與我軍激戰。

津敵砲轟津造幣廠及鳳林村一帶。

外部發表聲明對平津傀儡組織，絕不承認。

8月1日
國內

平漢線我軍扼守良鄉車站。

津我保安隊不斷予敵襲擊。

大沽被敵機炸成一片焦土。

魯主席韓復榘抵京。

8月2日
二戰區

閻主任乘機飛京，商討國是。

國內

敵軍向保定取攻勢。

我中央部隊陸續北上，集結保定附近。

敵機飛南口、靜海等地偵察。

8月3日
國內

敵我兩軍在平漢線之良鄉、津浦之靜海、平綏線之
南口一帶對峙。

廣東綏靖主任余漢謀、湘主席何健飛抵南京。

8月4日
二戰區

留晉日人全數離晉。

國內

津浦線我軍反攻楊柳青。

12

閻錫山故居所藏第二戰區史料 **第二戰區抗戰大事記**（1937-1939）
Historical Documents of the Second Theater in the Yan Hsi-shan's Residence
The Daily Records of the Second Theater in the Second Sino-Japanese War, 1937-1939

宋哲元通電，將軍事交馮治安代理。

五路軍副司令白崇禧乘機抵京。

敵機飛平綏線轟炸。

白崇禧桂飛京。

8月5日
二戰區

我湯軍開抵南口，積極佈防。

國內

中央召開重要國防會議。

我軍奪回良鄉及楊柳青。

8月6日
二戰區

南口附近有小接觸。

留綏日人全部離去。

8月7日
國內

川越大使到滬，我外部發言人稱：外交之門未閉。

良鄉敵我激戰。

川主席劉湘抵京。

漢口日僑撤退。

8月8日

二戰區

敵步騎千餘，砲十餘門，攻我得勝口，被擊退。

察北偽軍向商都、尚義集結，準備出擊綏東。

閻主任由京飛返太原。

國內

平漢線良鄉附近敵我相持。

漢口日租界，被我接收。

國際

日首腦部開會討論中日和戰問題。

8月9日

國內

上海日陸戰隊官兵二人，乘汽車駛入我虹橋飛機場，與我守兵衝突，被擊斃，是謂虹口事件。

敵佈置三路大軍，備向津浦、平漢、平綏三線大舉進攻。

我各地長官紛紛抵京，請示機宜。

8月10日

國內

南口、靜海等地，敵我激戰。

上海虹口事件，中日雙方進行調查，同意用外交方式解決。

日軍二千餘開入北平市內。

14 | 閻錫山故居所藏第二戰區史料 **第二戰區抗戰大事記**（1937-1939）
Historical Documents of the Second Theater in the Yan Hsi-shan's Residence
The Daily Records of the Second Theater in the Second Sino-Japanese War, 1937-1939

8月11日

國內

上海敵艦續增十餘艘。

敵向我滬市長要求撤退保安隊，被駁斥。

8月12日

二戰區

敵增兵五千餘，野砲六十餘門，坦克車三十餘輛，飛機卅餘架，向我南口、得勝口一帶陣地猛撲五、六次，我軍沉著應戰，敵不得逞。

國內

大批敵艦開抵上海，滬市形勢突形緊張。

我外部發言人稱：我方實行自衛，今後一切責任應由日方負之。

8月13日

二戰區

南口右翼黃老院敵軍千餘，被我擊退。

察北我軍開始進攻商都，在城西南化特立蓋以東與敵接觸。

山西總動員實施委員會在太原成立。

國內

敵海軍向我閘北防線進攻，我軍奮起抵抗。

國府任命張治中為京滬警備司令。

我封鎖鎮江江面。

8 月 14 日
二戰區

南口戰事異常激烈，敵坦克車卅餘輛，衝入口內，我軍據南口左右山頭與敵肉搏十餘次，我羅團幾全部殉難。

察北我軍攻克商都城。

國內

我外部代表國府發表聲明，為維護領土主權及各種條約，實行天賦自衛權，抵抗侵略。

上海戰況激烈，江灣路與北四川路我軍均獲勝。

我空軍出動，轟炸滬敵艦。

敵機十一架由台灣襲杭州

國際

日召開臨時閣議。

8 月 15 日
二戰區

敵以重砲攻陷我南口右翼高地，同時敵機一架被我擊落。

我軍向化德、南壕塹進攻。

國內

滬戰激烈異常，我軍包圍敵司令部所在之大公紗廠。

敵機十六架首次襲南京，被我機擊落六架。

敵機多架分襲杭州、南昌、廣德，被我機擊落十餘架。

青島敵水兵二人被槍傷，敵軍要求登陸。

16

閻錫山故居所藏第二戰區史料 **第二戰區抗戰大事記**（1937-1939）
Historical Documents of the Second Theater in the Yan Hsi-shan's Residence
The Daily Records of the Second Theater in the Second Sino-Japanese War, 1937-1939

8月16日

二戰區

　　敵主力三千餘猛攻南口左側高地，另一支千餘，攻我右翼黃老院、土木窰，均被擊退。又敵軍兩千餘，侵入禾子澗。

　　察北我軍攻克化德、南壕塹。

國內

　　我方魚雷炸傷敵旗艦出雲號。

　　上海江灣、閘北血戰甚烈。

　　敵機炸南京，被我擊落三架。

　　我空軍屢次出動炸上海敵軍艦及陣地。

　　我政府發行公債五萬萬元。

國際

　　美總統羅斯福召見國務卿討論中日戰爭。

8月17日

二戰區

　　察北我軍收復崇禮、尚義。

　　敵對南口全面攻擊，我右翼黃老院陣地被敵突破旋又恢復。

國內

　　滬日海軍操場與海軍俱樂部被我攻陷。

　　吳淞口砲戰甚烈。

　　立法院通過總動員法。

　　財部發行五萬萬元救國公債。

8 月 18 日

二戰區

敵對南口全線猛攻，遭我逆襲，死傷甚眾。

傅總司令率兵十團，增援南口。

察北我軍進襲康保。

國內

敵海軍圖向浦東登陸未逞。

滬閘北我軍迫入公共租界中區。

敵機飛江、浙各地騷擾。

8 月 19 日

二戰區

南口右翼黃老院陣地又被敵突破，侵入數百人，我軍正在力拒死守中。

察北方面，我劉汝明部以全力攻張北未下，損失甚大。

國內

上海我軍挺進至匯山碼頭，將敵陣線截為兩段。

羅店被敵攻陷。

我空軍猛襲虹口。

敵調派大將寺內壽毅為華北派遣軍總司令，中將坂垣任指揮官。

8 月 20 日

二戰區

盤據察東黑達營及喜峯砦之敵偽軍兩營被我軍襲擊

18

閻錫山故居所藏第二戰區史料 **第二戰區抗戰大事記**（1937-1939）
Historical Documents of the Second Theater in the Yan Hsi-shan's Residence
The Daily Records of the Second Theater in the Second Sino-Japanese War, 1937-1939

殲滅。

由張北南犯之敵衝破漢諾壩、神威台口、新開口我軍陣地，張垣吃緊。

國內

我機炸虹口，敵陣地空前大火。

津浦、平漢兩線，我軍反攻。

我外部發表抗敵自衛聲明。

國際

英向中日提出交涉，請雙方撤兵。

8月21日

二戰區

南口右翼橫嶺城一帶敵進攻甚急。

察北我軍奪回漢諾壩。

衛立煌部由冀西向南口增援，本日在青石口與敵接觸。

國內

敵海軍猛攻吳淞，我軍決死抵抗，敵未克登陸。

滬敵我空戰甚烈。

平漢線我軍反攻，與敵激戰於良鄉城南及房山西北高地之線。

國際

中蘇互不侵犯條約在南京簽字。

8月22日

二戰區

橫嶺城、長峪城一帶，敵我激戰甚烈。我張團長樹楨殉難。官兵傷亡頗重。

張垣與張北間之要道漢諾壩，又被敵突破。

國內

滬戰焦點在百老匯、北四川路一帶。

敵艦攻獅子林、張華濱、蘊藻濱、瀏口、楊林口等地，與我砲戰甚烈。

敵機襲漢口。

津浦線楊柳青附近激戰。

國府軍委會委朱德、彭德懷為國民革命軍總副指揮。

8月23日

二戰區

衝破漢諾壩之敵，積極南犯，已佔領神威台，迫近張垣市。

察北我軍向大邊壩口以北之敵進襲，圖拊敵背以解張垣之危。

國內

滬我砲兵猛轟虹口及敵艦。

滬敵猛撲蘊藻濱，我軍死力反攻，雙方死亡慘重。

滬南京路先施公司，被敵投下一彈，死傷七百餘人。

平漢線我軍退出良鄉及房山西北高地。

20　閻錫山故居所藏第二戰區史料 **第二戰區抗戰大事記**（1937-1939）
Historical Documents of the Second Theater in the Yan Hsi-shan's Residence
The Daily Records of the Second Theater in the Second Sino-Japanese War, 1937-1939

8月24日

二戰區

　　敵集中全力圍攻鎮邊城，一部迂迴逡犯康莊，同時通懷來大道，亦發現敵人。

　　張垣近郊敵我激戰甚烈。

　　敵機十九架分三批炸大同。

國內

　　滬侵入羅店之敵，已被我軍完全肅清。

　　虹口敵軍猛烈反攻與我戰甚激。

　　津浦線敵砲燬靜海車站，我軍仍據附近血戰。

　　國民政府公佈戰時軍律。

國際

　　美國務卿赫爾申請中日兩國停戰。

8月25日

二戰區

　　張家口附近，我軍後撤，南口被陷。

　　敵騎兵兩團、戰車十餘輛，向察北姑子營一帶我軍陣地猛犯，雙方激戰甚烈。

國內

　　滬砲戰極烈，敵海軍由沙川登陸猛攻羅店，我軍決死應戰，羅店幾成焦土。

　　津浦線靜海一帶仍激戰。

　　敵宣佈自今日午後六時起封鎖我沿海口岸。

　　敵大將松井石根抵滬任敵統帥。

8月26日
二戰區

敵軍侵入張家口，我軍在柴溝堡一帶抵禦。

敵軍炸大同車站。

國內

滬獅子林砲台附近激戰。

英駐華大使許閣森在京滬公路被敵機掃射受傷。

8月27日
二戰區

平綏線我軍分別轉移於宣化、蔚縣等地。

張家口被敵完全佔領。

國內

滬敵中心已移至沿海沿江各岸，敵集中吳淞口準備登陸者約萬五千人。

羅店以北，竟日劇戰。虹口我突進步隊稍向後移。

津浦我克復獨流。

敵機夜襲南京，被我擊落兩架。

平漢線我軍轉進至琉璃河、馬頭鎮之線。

8月28日
二戰區

我軍在沙城附近與敵接戰，雙方傷亡均重。

敵圍攻宣化。

閻司令長官離太原赴前方督師，駐節代縣太和嶺口。

22 | 閻錫山故居所藏第二戰區史料 **第二戰區抗戰大事記**（1937-1939）
Historical Documents of the Second Theater in the Yan Hsi-shan's Residence
The Daily Records of the Second Theater in the Second Sino-Japanese War, 1937-1939

國內

　　滬敵猛撲江灣，我軍奮力抵抗。

　　敵機慘炸滬南站，死難民無算。

　　敵宣布封鎖中國海口。

國際

　　敵首相近衛發表狂妄聲明。

　　許閣森大使受傷案，英向日提嚴重抗議。

8月29日

二戰區

　　察北敵犯化德，被擊退。

國內

　　滬我軍收復張華濱車站，並將江灣敵軍三面包圍。

　　平漢線敵我激戰於半壁店。

　　津浦線敵進攻馬廠。

國際

　　中蘇互不侵犯條約本日在南京及莫斯科正式公佈。

8月30日

二戰區

　　敵機再度炸大同。

　　宣化被敵佔領。

　　閻司令長官發表「告第二戰區前敵將士書」

國內

　　滬北敵我兩軍血戰於青雲橋、八字橋、愛國女校
一帶。

敵機狂炸閘北、浦東、大場等地。

國際

我政府向國聯正式提出關於日本在華歷次挑釁與暴行之聲明書。

8 月 31 日

二戰區

敵軍攻陷懷安，我軍向南轉移。

國內

敵軍在吳淞與張華濱大舉登陸，我軍力戰堵擊。

平漢線垞里敵數千攻南大寨之我軍，雙方肉搏至烈。

敵機開始進擾華南，廣東兩遭空襲。

政府頒佈食糧資敵治罪條例。

24 | 閻錫山故居所藏第二戰區史料 **第二戰區抗戰大事記**（1937-1939）
Historical Documents of the Second Theater in the Yan Hsi-shan's Residence
The Daily Records of the Second Theater in the Second Sino-Japanese War, 1937-1939

9月1日

二戰區

張家口一帶之敵沿平綏線西犯，我軍在柴溝堡附近抵禦。

國內

敵陷吳淞，繼續登陸進犯寶山、月浦。

津浦線我生力軍開到前方，靜海一帶戰事甚激。

9月2日

二戰區

平綏線敵越柴溝堡，侵入山西境內。

閻司令長官發表「抗敵公約」

國內

滬敵猛犯寶山，我軍死力抵抗。

敵機狂炸真茹、閘北。

9月3日

二戰區

平綏線敵二千餘、飛機八架，向我天鎮磚窰村進犯。

察北偽軍林得泉率部反正。

國內

敵進襲浦東，我砲兵與敵艦互轟，雙方傷亡均重。

羅店敵軍被我四面圍擊。

敵機飛各線活動，廈門亦遭空襲。

9月4日

二戰區

平綏線敵兩千餘、飛機三十餘架，向我天鎮東李家山、羅家山進犯，經我抵禦，傷亡頗重。

國內

敵機連日猛炸我滬軍陣地，今日與我空軍在滬西激戰。

敵艦砲轟廈門，企圖登陸未逞。

國府公佈修正危害民國緊急治罪法。

9月5日

二戰區

敵機炸大同。

察北敵偽軍約萬餘集中張北附近，圖犯綏邊。

平綏線敵陸空聯合猛攻我天鎮、戴家屯、李家寨一帶陣地，經我擊退。

國內

寶山縣城被敵圍攻。

津浦線敵我血戰於馬廠北城河一帶，唐官屯失而復得。

敵寺內大將由東京到津任華北最高指揮官。

國際

敵聲明封鎖我華北海岸。

26 | 閻錫山故居所藏第二戰區史料 **第二戰區抗戰大事記**（1937-1939）
Historical Documents of the Second Theater in the Yan Hsi-shan's Residence
The Daily Records of the Second Theater in the Second Sino-Japanese War, 1937-1939

9月6日

二戰區

察北敵步、騎、砲連合步隊數千、戰車數十輛進犯南壕塹，與我發生惡戰。

進攻天鎮之敵續有增加，本日施行全線猛攻，且使用毒氣，雙方激戰終日，傷亡均重。天鎮東南之盤山，陷入敵手，我守軍幾全團殉難。

國內

敵圖在瀏河、楊林口登陸未逞。

津浦線馬廠以北繼續激戰。唐官屯成拉鋸戰，我軍失而復得者三、四次。

軍委會設置軍法執行總監。

英進行劃上海為中立區。

國府明令全國文武官佐須一律遵守戰時軍律。

9月7日

二戰區

進犯南壕塹敵，附以飛機二十餘架，向我猛衝，我因工事被毀，遂轉移於大青山一帶。

平綏線敵迫近天鎮城下，我軍固守縣城，阻敵前進。

國內

滬張華濱敵軍越南市、塘河猛攻，我軍略退。

寶山縣城失陷，我守軍姚子卿營長以下全部殉國。

閘北、羅店、虹江碼頭均在大戰中，敵機連炸北新涇，死傷重大。

敵侵佔香港附近之伶仃島。

津浦線敵向馬廠北猛攻。

9月8日
二戰區

平綏線敵挾重砲、飛機猛攻天鎮，同時敵機械步隊
繞向陽高活動。

察北我軍漸向集寧轉進。

國內

滬虬江碼頭登陸之敵已進至市中心區，我軍浴血
抵抗。

平漢線我軍在門頭溝活動甚力。

津浦線敵犯馬廠無進展。

國際

日臨時議會閉幕，通過侵我軍費二十萬萬元。

9月9日
二戰區

察北我軍退出尚義。

圍攻天鎮之敵，經我據城力拒，終未得逞。

國內

敵援軍四、五千人到滬，全屬機械部隊。

滬北四川路一帶敵進攻寶山路、寶興路。由虬江碼
頭登陸之敵與我對峙於觀音堂、虬江兩岸。

平漢路我便衣隊一度衝至永定門。

閻錫山故居所藏第二戰區史料 **第二戰區抗戰大事記**（1937-1939）
Historical Documents of the Second Theater in the Yan Hsi-shan's Residence
The Daily Records of the Second Theater in the Second Sino-Japanese War, 1937-1939

9月10日

二戰區

陽高被敵攻陷。

國內

滬敵司令松井下令總攻，激戰竟日終被我擊退。

中央電全國軍民以必死決心求最後勝利。

共軍領袖朱德、彭德懷通電就八路軍總副指揮職，
宣言擁護蔣委員長，率部抗戰。

津浦敵陷馬廠。

國際

我向國聯提出關於暴日武裝侵略之補充聲明書。

9月11日

二戰區

天鎮我軍因城垣被毀，糧彈俱缺，突圍撤退。

平綏線敵繼續西犯，在大同以東與我激戰。

察南敵侵入蔚縣，向晉東北之廣靈進犯。

國內

滬敵主力兩路猛攻楊行、月浦，蘊藻濱、虹口均有
激戰。

我空軍連夜轟炸虹口敵砲兵陣地。

津浦線敵陷青縣，我軍死守濟興。

軍委會公佈懲治汗奸條例。

9月12日

二戰區

平綏線敵軍兩千餘向火燒嶺進犯，正與我激戰中。

國內

滬戰重心移至楊行、月蒲，敵由吳淞用大砲百尊猛攻。

楊行、月浦我軍後撤。

平漢線我軍反攻良鄉。

國際

我國向國聯提出書面申訴，要求制止日本侵略。

9月13日

二戰區

察北敵陷化德。

火燒嶺與廣靈以東，敵我激戰甚烈。

國內

滬我軍撤至北站與江灣之第一防線，雙方均在準備主力戰中。

平漢線敵軍大增，以一部由固安方面渡永定河，向我右側背進擊。

國府派胡適、許仕廉赴美歐宣傳我抗戰及日侵華真像。

國際

國聯大會開幕討論遠東問題。

30 | 閻錫山故居所藏第二戰區史料 **第二戰區抗戰大事記**（1937-1939）
Historical Documents of the Second Theater in the Yan Hsi-shan's Residence
The Daily Records of the Second Theater in the Second Sino-Japanese War, 1937-1939

9月14日

二戰區

敵由蔚縣進犯廣靈，我陣線被敵突破。縣城失陷。

察北敵猛犯商都，與我軍激戰甚烈。

平綏路西犯敵侵入大同、懷仁。

國內

滬劉行、廟行線血戰，敵曾二次被我包圍，同時江灣與四川路敵向我猛攻。又羅店鎮被侵入。

敵又圖在浦東登陸未遑。

敵機二十八架轟炸石莊。

津浦線我軍炸毀馬廠鐵橋，在青縣附近與敵血戰。

敵艦寇粵虎門，被我擊傷三艘。

我封鎖連雲港。

9月15日

二戰區

察北敵軍侵入商都。

雁北敵侵入渾源。

敵機二十餘架轟炸太原市。

我空軍出動北戰場助戰。

山西各村總動員實施委員會村民組織大綱公佈。

國內

滬楊行東、劉行北以永安橋為中心，敵大舉進攻，我軍陣地略動旋又反攻恢復。

平漢線敵達永定河南岸，我軍退出固安。

敵機八架襲廣州。

敵陸軍省發表任寺內大將為華北陸軍總指揮官，松井石根為上海陸軍總指揮官。

國際

我代表顧維鈞在國聯演說，痛斥日寇侵略行動，要求緊急措置。

9月16日

二戰區

敵機襲太原。

我空軍轟大同敵軍。

察北我軍在商都天成梁一帶與敵激戰數晝夜，斃敵甚多。

國內

淞滬我軍克復羅店，永安橋敵軍後移，我軍迫近楊行。

津浦線我軍克興濟，並北進中。

9月17日

二戰區

敵軍三千餘圍攻豐鎮，我軍奮勇守禦，卒以城垣毀壞，被敵衝入。

靈邱東北約百里發現新到敵約七、八千人。

國內

滬江灣、閘北有小接觸，羅店、楊行有遭遇戰，晚羅店又陷敵手。

平漢線敵向南進犯，兩軍在涿州附近大戰。

32

閻錫山故居所藏第二戰區史料 **第二戰區抗戰大事記**（1937-1939）
Historical Documents of the Second Theater in the Yan Hsi-shan's Residence
The Daily Records of the Second Theater in the Second Sino-Japanese War, 1937-1939

平漢線琉璃河陷入敵手。

津浦線我軍扼守高官屯與興濟站之線。

國際

國聯行政院討論中日戰爭，決議恢復中日問題諮詢委員會。

9月18日

二戰區

左雲縣城被敵侵入。

靈邱方面敵軍源源增加，我軍退出靈邱。

國內

敵連日圖在浦東登陸，經我猛烈砲擊，均未得逞。

我空軍夜襲浦江敵艦，虹口數處起火。

津浦線敵犯我姚官屯、梅官屯等地。

平漢線敵陷我涿縣。

9月19日

二戰區

敵機襲太原，被我機擊毀兩架。

應縣縣城被敵侵入。

國內

滬劉行以東戰事猛烈。

敵機兩次襲南京，被我擊落七架。

平漢線我軍拒守高碑店。

敵通告將於廿一日大炸南京，促外僑離京。

9 月 20 日
二戰區
靈邱方面敵軍繼續南犯，衝破我將軍山一帶陣地。

右玉被敵侵入。

國內
滬敵各路進攻，均被我軍奮勇擊退。

敵機襲南京，被我擊落五架。

敵機狂炸蘇州，我民眾死傷甚多。

敵艦寇連雲港未逞。

津浦線我軍繞攻敵側後，在馬廠西東賈莊激戰。

平漢線敵突破我徐水北陣線。

9 月 21 日
二戰區
太原上空敵我空戰甚烈。敵領隊機被擊落，隊長三輪寬斃命。

綏敵向集寧猛犯，與我軍在榆樹灣接觸。

國內
滬敵猛攻江灣我軍陣地。同時在崇明島登陸。

敵機兩次襲廣州，被我擊落四架。

平漢線敵向我白洋淀至滿城間之各陣進攻。

津浦線敵大舉犯我姚官屯陣地。

國際
國聯開會討論中國申請書。

34 | 閻錫山故居所藏第二戰區史料 **第二戰區抗戰大事記**（1937-1939）
Historical Documents of the Second Theater in the Yan Hsi-shan's Residence
The Daily Records of the Second Theater in the Second Sino-Japanese War, 1937-1939

9月22日

二戰區

靈邱方面步砲連合之敵四、五千人向我平型關、蔡家峪進犯，與我軍發生激戰。

國內

滬敵猛攻瀏河附近之孟灣，被我軍擊退。

平漢敵犯保定，我軍正在保定北竭力抵抗。

敵機猛炸南京，被燬四架。

中國共產黨宣言，為統一團結而奮鬥。

國際

敵機炸我非軍事區域，英美法向敵提出嚴重抗議。

9月23日

二戰區

敵主力向我平型關團城口進攻，與我展開血戰。敵鈴木旅團，被我聚殲，幾全軍覆滅。

侵佔右玉之敵，出殺虎口進犯涼城，有撲綏垣勢。

國內

滬羅店右翼我軍越滬太公路猛攻克金家屯，江灣路之敵攻我持志大學陣地無進展。

津浦線敵猛犯滄縣與我軍在姚官屯及滄縣北血戰。大城於本日失陷。

敵機三襲廣州，我平民死傷達數千人。

蔣委員長因中國共產黨宣言發表談話謂：集中整個民族力量，自衛自助，以抗暴敵云。

9 月 24 日
二戰區

綏敵猛攻集寧，我守軍死力抵禦，損失極重，本日被攻陷。

敵增兵五千餘，向平型關東西泡池、團城口等地猛攻，我死力爭奪，失而復得者凡數次。

國內

滬敵攻劉行甚烈。

平漢線保定被陷。

津浦線滄縣被陷。

敵機襲武昌、漢口，我民眾死傷五百餘。

9 月 25 日
二戰區

敵主力移茹越口，向我進攻。

綏敵主力犯涼城，經激戰後，我軍撤至石匣子溝一帶。

平型關方面我調集重兵，分路出擊，空軍亦飛往助戰，激戰終日，佔領老爺廟、蔡家峪等地，斃敵二、三千人，獲敵汽車五十餘輛。

國內

滬劉行方面，砲戰仍烈，江灣、閘北方面，敵進攻無進展。

敵機九十六架分五次襲南京中央廣播台及其他文化機關。損失甚重。

蔣委員長電令全國縣長，負責守土。

36 閻錫山故居所藏第二戰區史料 **第二戰區抗戰大事記**（1937-1939）
Historical Documents of the Second Theater in the Yan Hsi-shan's Residence
The Daily Records of the Second Theater in the Second Sino-Japanese War, 1937-1939

9月26日

二戰區

綏東陶林縣被敵攻陷。

敵軍兩千餘猛攻茹越口與我激戰終日。

國內

滬羅店至劉行以南全線激戰，我軍屢退屢進，成拉鋸戰，江灣、浦東亦有猛烈砲戰。

敵艦寇粵台山縣屬廣海，被擊退。

津浦線敵利用鋼甲車沿鐵道猛進，陷我馮家口。

9月27日

二戰區

平型關茹越口敵軍陸續增加，與我展開全線激戰，雙方傷亡均重。

第二戰區戰地總動員委員會在太原成立。

國內

滬羅店、廟行線敵軍反攻，同時閘北、江灣敵攻北站，雙方激戰甚烈。

平漢線敵南犯新樂。

9月28日

二戰區

綏敵進犯石匣子溝，被我擊退。

平型關方面仍在激戰中。

茹越口被敵突破，我梁旅長鑑堂殉職。

朔縣城被敵侵入。

閻司令長官親赴大營督戰。

國內

滬虹口敵攻寶山路，遭我堅強抵禦無進展。閘北、江灣方面，雙方澈夜砲戰。

津浦線南霞口及東光附近均有激戰。

平漢線敵陷定縣。

國際

國聯大會通過譴責日本暴行案。

9 月 29 日

二戰區

平型關、鐵角嶺戰事異常激烈，鐵角嶺被敵攻破。

綏敵續犯石匣子溝，猛攻數次，均被擊退。

敵向雁門關進犯，被擊退。

國內

滬敵總攻以主力衝羅店、劉行線。我軍亦猛攻楊行。戰區重心移右翼。

我再用爆炸品，轟出雲艦，傷其尾部。

津浦敵連陷我泊頭鎮、東光、連鎮等地。

敵機飛粵炸沉我肇和軍艦。

平漢線敵續陷新樂。

9 月 30 日

二戰區

敵突破鐵角嶺後，直向繁峙進犯。同時平型關我守軍向後轉移。

38 | 閻錫山故居所藏第二戰區史料 **第二戰區抗戰大事記**（1937-1939）
Historical Documents of the Second Theater in the Yan Hsi-shan's Residence
The Daily Records of the Second Theater in the Second Sino-Japanese War, 1937-1939

綏敵騎兵繞由武川攻陷綏垣城。

閻司令長官到五台台懷鎮指揮部署。

國內

滬敵猛攻我軍右翼陣地，我方陣地未動。八字橋、
翔殷路同時激戰甚烈。

津浦線我軍避開鐵路正面，向兩翼襲擊。

國際

我向國聯要求認日寇為侵略國。

10月1日
二戰區

侵入綏垣之敵繼續向西進犯，我軍退據薩縣。

平型關被敵突破，我軍退守五台山陰之神堂堡、葫蘆嘴、峨口、峪口等地。

沙河附近，敵我激戰。

閻司令長官返太原。

國內

滬敵由劉行東南顧家宅方面向我陣地猛攻，我軍由孟家宅截擊，激烈異常，敵無進展。

市中心區、蘊藻濱、江灣、閘北一帶敵軍均略向後撤退。

我空軍晚四次飛滬炸敵陣地。

津浦線我軍反攻，克復泊頭附近及馮家口。

國際

日外務省拒絕國聯調解中日戰爭之建議。

敵酋長谷川向英、美、法、意、德、荷六國海司令提出要求，限各國軍艦於廿四小時內移黃浦江下游，各國一致拒絕。

10月2日
二戰區

敵大舉進攻薩縣，我軍更向西退據包頭。

侵入關內之敵，向代縣急進，與我軍在陽明堡附近激戰。同時犯寧武之敵，被我擊退。

李軍長服膺以作戰不力，被判處死刑，執行槍決。

40 | 閻錫山故居所藏第二戰區史料 **第二戰區抗戰大事記**（1937-1939）
Historical Documents of the Second Theater in the Yan Hsi-shan's Residence
The Daily Records of the Second Theater in the Second Sino-Japanese War, 1937-1939

衛立煌率四個半師由石莊轉晉北增援。

國內

滬閘北方面，發生猛烈巷戰，羅店、劉行敵軍力攻，我仍保守原有陣線。

自上月十二日至本日，兩旬間，敵向滬增兵四次，屢次進攻，均被擊敗，共計斃傷敵二十萬人。

津浦線敵我在桑園激戰。

敵海軍佔據連雲港外東西島。

10月3日

二戰區

代縣被敵侵入，陽明堡仍在激戰中。

衛軍先頭部隊到達太原，向晉北轉運。

國內

淞滬戰爭，全體展開。劉行、羅店方面，我軍略向後撤退。江灣方面，我取攻勢。

津浦線敵軍侵入桑園，進攻德縣。

我軍部發表，滬戰以來，敵傷亡已逾三萬。

10月4日

二戰區

敵軍千餘侵入陽明堡，更南向進犯崞縣、原平。

國內

滬閘北方面敵我爭奪兩晝夜，我軍略有進展。羅店方面，敵軍西進，我軍固守施相公廟。

津浦線敵步砲空猛攻德縣，我軍死力拒守。

國府命令原定本年十一月十二日召開之國民大會，延期舉行。

10月5日
二戰區
敵犯陽方口與我發生激戰。

崞縣、原平戰事激烈。

國內
滬我軍自一日來，逐漸向蘊藻濱南岸陳行、廣福、施相公廟、劉河之線轉移。

滬西涇以東展開衝鋒肉搏戰。

津浦線德縣被陷，我守兵一團殉國。

國際
國聯中日問題諮詢會討論結果，認日本違反九國公約。

美總統羅斯福在芝加哥發表演說，痛斥侵略，謂日本對華侵略違九國公約及非戰公約。

10月6日
二戰區
陽方口被敵突破。

崞縣、原平繼續血戰，原平戰況尤劇。敵傷亡數倍於我。

綏敵陷包頭。

國內
滬敵集中兵力，沿羅店、瀏河進攻，圖直取嘉定，

42 | 閻錫山故居所藏第二戰區史料 **第二戰區抗戰大事記**（1937-1939）
Historical Documents of the Second Theater in the Yan Hsi-shan's Residence
The Daily Records of the Second Theater in the Second Sino-Japanese War, 1937-1939

廟行方面亦有激烈陣地戰。

　　閘北我軍一度衝至北四川路。

國際

　　國聯大會決議召開九國公約會議，並通過證實日本
侵華，及對華精神援助案。

　　美國正式發表，宣佈日本為侵略國及破壞九國公約
與凱洛各非戰公約。

10月7日

二戰區

　　崞縣被敵衝破。原平仍在激戰中。

國內

　　滬敵採用中央突破計劃，連日猛攻嘉定、羅店公
路，我軍堅守未動。

　　蘊藻濱強渡至南岸之敵，正與我苦戰中。

　　津浦線敵我在黃河涯附近，夾河對峙。

10月8日

二戰區

　　原平被敵包圍，我軍仍在浴血抵禦中。

　　黃紹雄任第二戰區副司令長官

國內

　　滬敵強渡蘊藻濱與我血戰四晝夜，卒被阻止。

　　平漢線敵向我總攻，正定、靈壽、同澤附近發生
激戰。

　　張自忠由濟南抵南京。

敵機不斷襲粵，圖破壞粵港交通。

10月9日

二戰區

軒岡之敵，被我擊退。

國內

滬戰重心，在蘊藻濱南及滬太公路之東花園橋附近。

平漢線正定南有激戰。

蔣委員長於國慶前夕對全國民眾，作廣播講演，大意勉勵抗戰到底，爭取最後勝利。

我方發表九月份我空軍共擊落敵機四十八架，連前合計敵共損失一〇九架。

國際

國聯發請柬，邀請十三國開九國公約會議。

我國通知國聯，願意參加任何國際會議，討論中日局勢。

10月10日

二戰區

圍攻原平之敵，步砲空聯合，迭次猛攻，我軍拚死抵抗，肉搏甚烈。連日斃傷敵軍達千餘。

國內

蘊藻濱南岸敵軍，陷我重圍中。閘北我軍攻六三花園。

平漢線敵佔石莊。一部沿正太路西犯。一部繼續南犯。

44 | 閻錫山故居所藏第二戰區史料 **第二戰區抗戰大事記**（1937-1939）
Historical Documents of the Second Theater in the Yan Hsi-shan's Residence
The Daily Records of the Second Theater in the Second Sino-Japanese War, 1937-1939

津浦線在德州、平原間血戰。

國慶紀念日，軍委會訓勉全國將士。

10 月 11 日

二戰區

原平發生激烈巷戰，我姜旅長玉貞壯烈犧牲，士兵傷亡殆盡，本日被敵攻陷。

國內

淞滬全線激戰。

津浦線平原站北無敵軍。我游擊隊在滄縣附近活動。

平漢線我軍退守元氏、趙縣之線。

國際

九國公約簽字國決在比京布魯塞爾開會。

10 月 12 日

二戰區

我大軍集中忻口，計畫分路向敵出擊。

敵兵分兩路進犯晉東門戶娘子關

國內

滬蘊藻濱南敵軍各路衝擊均被阻。瀏河敵海軍四次圖登陸均未逞。

敵機襲南京，被我擊落五架。

平漢線敵我軍轉移於贊星、高邑、柏鄉、鉅鹿之線。

津浦線敵偷渡老黃河，向我軍原北陣地進犯。

國際

美總統羅斯福表示美國決心與九國公約簽字國盡力

合作。

10 月 13 日
二戰區

　　崞縣、原平之敵約五千餘，附以飛機卅餘架，戰車五、六十輛，砲四、五十門，大舉向忻口進犯，與我軍在南懷花、閻莊等村展開血戰，敵傷亡在三千人以上。

　　我軍克復寧武。

　　晉東我軍退出雪花山，轉守之驢嶺。

國內

　　滬右翼戰局，我軍改取攻勢，向日本墳山、六三花園、愛國女學等處之敵陣線衝擊。

　　敵機二百餘架，飛京滬沼線，大肆轟炸。

　　我空軍飛津沽炸敵兵營。

　　津浦線我軍撤至徒駭河南與敵對峙。

10 月 14 日
二戰區

　　忻口方面，我軍轉取攻勢，在南懷花，永興村殲敵甚眾。

　　敵軍千餘，繞攻舊關，進迫娘子關背側。

國內

　　滬閘北我軍開始總攻，虹口、楊樹浦大火。我空軍五度飛滬助戰。

　　平漢我軍退守內邱。

　　津浦線敵步騎砲聯合大隊猛攻原平。

46 | 閻錫山故居所藏第二戰區史料 **第二戰區抗戰大事記**（1937-1939）
Historical Documents of the Second Theater in the Yan Hsi-shan's Residence
The Daily Records of the Second Theater in the Second Sino-Japanese War, 1937-1939

國際

英派艾登出席九國公約會議。

10月15日

二戰區

忻口方面，敵源源增加，我亦猛烈進攻，雙方在新舊練莊、南懷花、大泉、靈山、永興村一帶激戰甚烈。死傷各五六、千人。郝軍長夢齡、劉師長家祺、鄭旅長延年在大泉附近殉職。

晉東敵千餘，侵入舊關。

國內

滬戰著重左翼，蘊藻濱南戰線延長卅餘里，戰事至烈。

敵機整日轟炸滬我軍陣地。

平漢線敵陷邢台。

10月16日

二戰區

忻口方面，仍在激戰，雙方均無進展。

侵入舊關之敵，經我圍擊，殲滅殆盡。

國內

滬戰左翼之嚴家灣、水仙廟為最激烈。

津浦線敵我相轉於桑園、德州附近。

10 月 17 日
二戰區

忻口方面，敵軍約萬人，分三路猛攻，我軍反覆衝殺，雙方死傷均重。

舊關殘敵獲援後大舉反攻，我軍奮勇堵擊，予以重創。

國內

滬敵圖攻大場，其精銳步隊曾越過蒲村塘，我軍反攻，雙方血戰不已。

津浦線我軍衝過陵縣，向德州挺進。

平漢線敵陷邯鄲。

國際

我國正式接受九國公約會議邀請。

10 月 18 日
二戰區

忻口正面，敵砲火極猛，我陣地幾全被毀，賴將士用命，卒將敵擊退。

舊關敵繼續西竄，我軍正在竭力堵擊。

國內

滬蘊藻濱沿岸，敵我展開主力戰。

津浦線我軍進展頗速，前鋒已進抵德州東與敵激戰。

我財政部長孔祥熙由英返國抵滬。

平漢線敵陷磁縣。

48 | 閻錫山故居所藏第二戰區史料 **第二戰區抗戰大事記**（1937-1939）
Historical Documents of the Second Theater in the Yan Hsi-shan's Residence
The Daily Records of the Second Theater in the Second Sino-Japanese War, 1937-1939

10月19日

二戰區

忻口右翼，戰況極烈。正面敵我奪官村以南高地，雙方傷亡均重。

我八路軍夜襲陽明堡敵機場，焚燬敵機二十二架。

舊關之乏驢嶺被敵佔領。

國內

淞滬左翼，空前血戰。

敵機三次飛襲南京。

平漢線敵砲兵猛轟漳河鐵橋，主力由觀台偷渡。

10月20日

二戰區

忻口正面在官村，左翼在大泉一帶，右翼在靈山，雙方激戰終日，敵使用催淚瓦斯彈射擊。

我游擊隊佔領雁門關，破壞公路橋樑五處。

國內

滬敵進窺大場，終未達到目的。我軍左翼全線反攻得手。

平漢線敵渡漳河佔領東西保障一帶高地。

津浦線兩軍隔徒駭河對峙。

我空軍三度飛滬夜襲。

10月21日

二戰區

忻口正面，敵一度突破我官村陣地，經我增兵逆

襲，卒將敵擊退。

晉東敵竄葦澤關附近。

國內

淞滬左翼，我軍分五路反攻，各線均與敵作殊死戰。

平漢線我軍由正面反攻，克復漳河南岸高地，敵死傷慘重。

10 月 22 日

二戰區

忻口方面，敵我仍在官村一帶爭奪血戰，我連克山頭數個。

山西全省劃為七個行政區，每區設行政主任一人。

國內

淞滬左翼戰況，極為猛烈，敵被我殲滅甚眾。

我軍四度飛滬炸敵陣地，楊樹浦大火。

平漢敵進犯豐樂。

津浦線敵我裝甲車砲戰。

國府派顧維鈞為出席九國公約會議代表。

10 月 23 日

二戰區

晉北敵陸續增加達六萬餘。

忻口敵各路猛攻，均被擊退。

我游擊部隊在岱岳北之周莊伏擊，毀敵汽車十八輛，俘敵卅餘名。又在崞縣北之王董村，毀敵汽車廿四輛。

50 | 閻錫山故居所藏第二戰區史料 **第二戰區抗戰大事記**（1937-1939）
Historical Documents of the Second Theater in the Yan Hsi-shan's Residence
The Daily Records of the Second Theater in the Second Sino-Japanese War, 1937-1939

正太線敵進竄至南張村。

國內

淞滬左翼繼續激戰。

津浦線我軍渡徒駭河全面進攻，並包圍陵縣。

10 月 24 日

二戰區

忻口我軍數路出擊，曾將左翼滹沱河東岸之敵肅清。

山西省府更換大批縣長，新委者均稱游擊縣長。

國內

淞滬左翼連日激戰，雙方死傷均重。我軍退至小顧宅、大場、走馬塘、新涇橋、唐家橋之線。

津浦線渡徒駭河之我軍，已過張店北進中。

10 月 25 日

二戰區

忻口左翼戰況甚烈，右翼及中央較和緩。

晉東敵進至馬山村與第三軍及川軍一二二師激戰。

國內

淞滬左翼之大場被敵突破。

平漢線敵我激戰於漳河南岸。

10 月 26 日

二戰區

晉東門戶娘子關失陷，敵繞石門口向平定突進。

忻口敵各路猛攻均未逞。

國內

　　淞滬我軍轉移新陣地於蘇州河南，敵進佔大場、廟行，並進攻真如。

　　平漢線我軍渡漳河北進。

10 月 27 日

二戰區

　　忻口敵全線猛攻，並用坑道法前進，我右翼陣地略向後轉移。

　　晉北我游擊對收復廣靈縣城及雁門關外之廣武鎮，予敵後路以極大之威脅。

國內

　　淞滬我軍退出閘北、江灣後，戰事移至真如、彭浦一帶。

　　閘北退時，我八十八師謝晉元團長率兵八百餘退守四行倉庫與四面包圍之敵作殊死戰。

　　平漢線我軍越豫境北進收復馬頭鎮。

10 月 28 日

二戰區

　　忻口敵施用各種利器全線猛攻，均被我擊退。

　　晉東巨城鎮、石門口失陷，黃副司令長官退駐壽陽。

國內

　　滬真如、彭浦被圍之我軍已突圍安集、北新涇一帶。

　　平漢漳河南之敵軍已被肅清。

　　津浦線禹城一帶我軍反攻。

52 | 閻錫山故居所藏第二戰區史料 **第二戰區抗戰大事記**（1937-1939）
Historical Documents of the Second Theater in the Yan Hsi-shan's Residence
The Daily Records of the Second Theater in the Second Sino-Japanese War, 1937-1939

國際

德國拒絕參加比京九國公約會議。

日發表不參加比京九國公約會議聲明書。

10 月 29 日

二戰區

忻口左翼敵猛烈進攻，被我殲滅二千餘。

正太線陽泉、平定同被敵攻陷。

國內

滬蘇州河北岸雙方激戰甚烈，敵屢圖渡河，均未得手。

津浦線敵軍大部後撤，兩軍在陵縣激戰。

國際

蘇聯決定參加比京九國公約會議。

10 月 30 日

二戰區

忻口方面敵我仍在對峙中。

正太線敵全線總攻，我陣地多被突破，刻在平定以西據守。

國內

滬敵猛攻南翔、嘉定，我軍死拒，敵未得逞。

10 月 31 日

二戰區

忻口方面，情勢無甚變化。

　　正太線敵我在葦池村、南北茹村一帶混戰。同時九龍關亦被敵突破，昔陽東冶頭鎮失陷。

國內

　　堅守滬閘北四行倉庫之八百壯士奉命撤退至租界中。

　　滬西敵強渡蘇州河，遭我猛烈掃射，傷亡重大。

54 | 閻錫山故居所藏第二戰區史料 **第二戰區抗戰大事記**（1937-1939）
Historical Documents of the Second Theater in the Yan Hsi-shan's Residence
The Daily Records of the Second Theater in the Second Sino-Japanese War, 1937-1939

11月1日

二戰區

忻口我軍因受正太線影響，漸向後撤退。

國內

滬西敵強渡蘇州河被我擊退，左翼小南翔一帶，敵五路進攻，頗為吃緊。

11月2日

二戰區

正太線敵猛攻我馬道嶺陣地。

忻口我軍逐次向青龍鎮一帶轉進。

國內

滬西強渡蘇州河之敵軍已被我完全擊退。左翼仍極吃緊。

津浦線馬家莊、寧津均有激戰。

國際

九國公約會議在比京開幕。

11月3日

二戰區

正太線敵約五個聯隊分道猛進，我各部隊逐向西移，壽陽城本晚陷敵手。

國內

淞滬左翼土地堂與廣福方面形成拉鋸戰爭。蘇州河南敵軍仍在我軍包圍中。

平漢線敵軍犯彰德。

11 月 4 日

二戰區

忻口我軍轉移陣地，故積極南犯迫近石嶺關。

正太線敵我在榆次城郊激戰終日，晚敵佔據榆次縣城。

閻司令長官移節交城，部署軍事，令傅作義守太原。

國內

滬右翼全線激戰；左翼小南翔、土地堂一帶，我軍頗有進展。

平漢線敵我在彰德激戰。

首都民眾大會到八萬餘人，擁護抗戰到底，並祝九國公約會議開幕。

11 月 5 日

二戰區

正太線敵我仍在榆次西南對峙。

晉北敵陷忻縣，續向青龍鎮、周家山一帶進犯。

國內

滬左翼真南路上戰況極烈，右翼蘇州河南，仍在混戰中。

平漢線敵陷彰德。

敵二千餘在杭州灣金山衛登陸。

敵機八度襲蘇州。

國際

德義日防共協定在羅馬簽字。

56 | 閻錫山故居所藏第二戰區史料 **第二戰區抗戰大事記**（1937-1939）
Historical Documents of the Second Theater in the Yan Hsi-shan's Residence
The Daily Records of the Second Theater in the Second Sino-Japanese War, 1937-1939

11月6日

二戰區

晉北敵千餘迫近太原城郊兵工廠，享堂村、剪子灣附近，均發現敵踪，與我激戰終日。

國內

滬左右翼戰況均極激烈。

金山衛登之敵進犯極猛，我軍正在迎戰中。

我外部否認中日事件進行調解。

國際

比京會議，通過致日申請書，延會二日靜待覆文。

11月7日

二戰區

敵軍源源開抵太原近郊，飛機大砲不斷轟擊，我傅總司令坐鎮城內，指揮守禦，與敵展開血戰。

晉東敵由小店鎮渡汾河，沿太汾公路南犯。

閻司令長官移節大麥郊。

國內

金山衛登陸之敵，兩路猛撲松江。

滬右翼敵強渡候家渡，左翼雙方戰於池園。

津浦線正面無變化，陵縣附近有小接觸。

蔣委員長對外國新聞記者談重申我抗戰決心，反對直接交涉。

11 月 8 日
二戰區

敵軍主力集中太原城下，向東北、西北兩面猛烈攻擊，城內多處起火，城垣被轟開破口十餘處，敵乘勢衝入，與我發生激烈巷戰。晚我軍突圍退出，太原逐陷敵手。

晉東敵沿同蒲線南犯，與我軍在太谷附近激戰。

國內

金山衛登陸之敵，進達黃浦江沿岸，我軍正堵截激戰中。

滬蘇州河南敵企圖向東西擴展，與我在北新涇與周家橋間血戰。

11 月 9 日
二戰區

太原城完全陷入敵手，我軍扼守西山一帶繼續抗戰。

國內

滬西我軍撤至虹橋與龍華一線死守。南市、滬西、浦東均大火。

淞江被陷。

11 月 10 日
二戰區

敵軍陷太谷。

國內

滬蘇州河南敵進佔徐家匯、虹橋等處後直達龍華。

58 | 閻錫山故居所藏第二戰區史料 **第二戰區抗戰大事記**（1937-1939）
Historical Documents of the Second Theater in the Yan Hsi-shan's Residence
The Daily Records of the Second Theater in the Second Sino-Japanese War, 1937-1939

侵入松江敵更西犯嘉善。

津浦線敵我在陵縣、樂陵激戰。

11月11日

二戰區

　　侵入太原之敵，沿太汾公路與同蒲鐵路向西南進迫。我軍在清源、祁縣等處阻敵前進。

國內

　　滬敵侵入浦東，我軍安全退出，南市我孤軍苦戰三晝夜，亦奉令退出。

　　平漢線敵陷大名。

　　蔣委員長電比京表示抗戰到底。

　　魯北之慶雲、惠民同陷敵手。

11月12日

二戰區

　　晉中我軍逐漸轉移於韓信嶺與呂梁山地帶。

國內

　　上海市全部被敵佔領。

　　松滬戰事移至松江、黃渡、廣福線。

　　川康綏靖主任劉湘抵京。

國際

　　敵謝絕參加比京會議。

11 月 13 日

二戰區

　　沿太汾公路西進之敵，侵入交城。

國內

　　蘇、浙我軍克復嘉善與楓涇，其他方面敵亦遭我堅
強抵禦。

　　大批敵艦駛入長江向福山砲轟。

　　平漢敵犯大名，正與我激戰中。

　　魯北敵佔濟陽，準備渡河。

國際

　　比京會議英、法、美一致譴責日本。

11 月 14 日

二戰區

　　同蒲線敵侵入祁縣。

國內

　　蘇、浙邊境戰爭，我軍大隊逐步西撤，敵已進佔松
江、嘉定、南翔、安亭等地。

　　津浦線敵積極南進，並派大批飛機炸黃河各渡口。

11 月 15 日

二戰區

　　太汾公路敵繼續西犯文水。

國內

　　蘇我軍自動放棄瀏河、太倉、崑山等地，現將全線
從新調整，東起福山，經蘇常，西接嘉興，建立堅固陣

60 | 閻錫山故居所藏第二戰區史料 **第二戰區抗戰大事記**（1937-1939）
Historical Documents of the Second Theater in the Yan Hsi-shan's Residence
The Daily Records of the Second Theater in the Second Sino-Japanese War, 1937-1939

地與敵周旋。

滬杭線嘉善失守。

津浦線兩軍在臨邑激戰。

國際

比京九國公約會議，通過譴責日本宣言。

11 月 16 日

二戰區

閻司令長官由隰縣赴臨汾。

國內

京滬線我軍主力集中蘇州附近，左翼守福山，右翼扼嘉興，阻敵前進。

敵機狂炸京滬路沿線各縣，我民眾及建築物損毀甚鉅。

平漢線我軍反攻，漳河敵軍後路被斷。

魯北敵圖由濟陽偷渡黃河未逞。

國民政府向重慶遷移，軍事機關仍留京。

國際

日內閣決定在東京設立帝國大本營。

11 月 17 日

國內

蘇、浙敵進窺常熟、蘇州、嘉善等地，我軍正在死力抵禦中。

冀南我軍反攻大名。

11 月 18 日
國內

蘇、浙敵以全力進攻蘇州，右翼我敵在嘉興激戰。

津浦線兩軍隔黃河砲戰。

11 月 19 日
國內

蘇、浙全線大激戰，福山、常熟方面，我軍反攻甚猛。嘉興城被敵攻入，發生巷戰。

國際

德政府對中日聲請停戰。

11 月 20 日
二戰區

閻司令長官抵臨汾。

國內

國府發表宣言，宣告移駐重慶，繼續抗戰。

蘇常熟、浙嘉興、平社、乍甫、南潯等同失陷，福山砲台亦告急。

粵北海對岸圍洲島被敵艦派兵佔據。

國際

敵大本營在宮內成立。

11 月 21 日
國內

蘇、浙我軍退出蘇州，集中無錫，阻敵前進。

62　闆錫山故居所藏第二戰區史料 **第二戰區抗戰大事記**（1937-1939）
Historical Documents of the Second Theater in the Yan Hsi-shan's Residence
The Daily Records of the Second Theater in the Second Sino-Japanese War, 1937-1939

長江敵艦猛轟狼山、福山，圖毀我江陰封鎖線。

11 月 22 日
國內
蘇、浙敵猛攻無錫、湖州等地，現我軍堅守丹陽、鎮江線，吳興、長興附近均有激戰。

大隊敵機轟炸杭州、鎮江、丹陽、常州。

11 月 23 日
國內
浙敵陷我湖州，我軍據城郊抗戰。

敵艦多艘，猛攻江陰砲台，我軍在鎮江設第二道阻塞線。

津浦線敵據黃河北岸鵲山與濟南我砲兵互轟。

11 月 24 日
國內
敵海陸空軍猛攻我江陰要塞，我砲台守軍仍屹然未動。

我機十餘架飛江陰附近江岸，炸沉敵巨型艦一艘。
國際
比京九國公約會議宣告無定期延會。

11 月 25 日
二戰區
我軍收復右玉縣城。

國內

太湖南岸，戰事異常激烈，無錫、長興均被陷，湖州方面，我軍反攻甚力。

魯省兩軍隔黃河對峙，不斷互相砲轟。

11 月 26 日

國內

敵續由國內增兵上海、無錫，續向常州進犯。

平漢線漳河南敵軍被我圍攻甚烈。

浙敵陷吳興。

11 月 27 日

二戰區

我軍克復平遙，敵軍退廿餘里。

國內

京滬線上，我軍堅守常州。

浙長興公路上開始激戰。

11 月 28 日

國內

滬杭線我軍依山背水，展開陣線，阻敵進攻。

常州附近在激戰中。

江陰要塞，我以海陸空全力保衛，犧牲隆大，敵未得逞，現敵艦又向靖江猛攻。

蘇聯駐華大使鮑格洛夫，被召回國。

64 閻錫山故居所藏第二戰區史料 **第二戰區抗戰大事記**（1937-1939）
Historical Documents of the Second Theater in the Yan Hsi-shan's Residence
The Daily Records of the Second Theater in the Second Sino-Japanese War, 1937-1939

國際

關於日擬干涉我上海海關制度，美政府已向東京正式交涉。

11 月 29 日

國內

浙敵侵入宜興，更西犯廣德。

常州發生巷戰。

江陰砲台失守。

敵便衣隊竄擾溧水，正在我圍擊中。

國際

義大利承認偽滿州國。

11 月 30 日

二戰區

交城敵西犯，經我軍在廣興鎮、開柵鎮痛擊，不支而退。

國內

蘇、浙敵軍逐步向南京進逼，我積極佈置防禦工事。

皖廣德陷敵手。

江陰我軍夜襲南閘鎮，斃敵將官一員。

國際

美國務卿赫爾談話表示對華維持門戶開放。

12月1日
二戰區

我軍在陽方口截擊由寧武退卻之敵，斃傷敵數十名。

國內

江陰失陷，我守軍由夏港突圍向鎮江方面轉移。

敵機狂炸廣九路。

12月2日
二戰區

敵機六架轟炸平遙縣城。

國內

進犯皖廣德之敵經我反攻受創甚鉅。

上海附近我游擊隊，甚為活躍。

敵致力沿京滬鐵路與京杭公路向南京進犯。

國際

英前外相艾登聲稱英不容日本接管滬租界。

12月3日
二戰區

朔縣敵六、七百人，由井坪南之太安堡向東山次進犯，被我擊潰。

國內

京滬線敵我兩軍相持於常州、丹陽間，雙方無顯著發展。

太湖西岸敵軍進抵溧水南之施家橋。

我國駐美大使否認德使進京進行和議說。

66 | 閻錫山故居所藏第二戰區史料 **第二戰區抗戰大事記**（1937-1939）
Historical Documents of the Second Theater in the Yan Hsi-shan's Residence
The Daily Records of the Second Theater in the Second Sino-Japanese War, 1937-1939

12月4日

二戰區

交城開柵鎮敵七、八百人，附飛機、大砲向文峪河我軍進犯，激戰終日，卒被擊退。

國內

敵軍進至秣陵關與句容附近，與我發生激戰。

廣德方面敵我仍我血戰。

魯北我軍分兩翼挺進，克復五、六縣。

國民政府開始在渝辦公。

國際

我抗議義國承認偽滿。

12月5日

二戰區

敵向大同、懷仁附近，增兵千餘。

晉冀察邊區臨時政府籌備處在河北阜平縣成立。

國內

浙、皖邊境，我軍反攻長興，激戰甚烈，廣德失而復得者三次。

京滬線敵我在丹陽西南之白玉鎮展開血戰。

敵機襲蘭州，投彈廿餘枚。

秣陵關、句容兩地被敵突破。

12月6日

國內

京滬線我軍主力，集中鎮江。句容、漂水間，雙方

正在激戰中。

敵砲空狂炸淳化、湯山兩鎮,戰車數十輛向牛首山
猛犯,被我擊退。

12 月 7 日
國內

湯山、淳化兩鎮,戰況極烈,我陣地工事,幾全
被毀。

皖南敵向寧國、蕪湖進犯。

國際

英抗議敵機轟炸英輪。

12 月 8 日
二戰區

晉冀邊區,敵圖肅清我游擊隊,連日有激戰。

國內

敵軍突破湯山、淳化兩鎮,進迫南京近郊。通濟、
光華兩門失而復得者數次,卒將敵擊退。

皖南敵陷宣城。

國際

法、羅兩國在羅京進行談話。

12 月 9 日
二戰區

雁門關附近敵北撤。

68 閻錫山故居所藏第二戰區史料 **第二戰區抗戰大事記**（1937-1939）
Historical Documents of the Second Theater in the Yan Hsi-shan's Residence
The Daily Records of the Second Theater in the Second Sino-Japanese War, 1937-1939

國內

南京東南城郊，空前血戰，城內被敵砲空轟炸，到處起火。我軍逐漸向後轉移，集中城內。

皖南蕪湖失守。

敵向我南京守軍提出最後通牒。

12月10日

二戰區

太原敵軍突增，正太鐵路亦修，復有南下企圖。

國內

南京城外，繼續激戰，敵又繞攻太平門。紫金山、牛首山亦發現敵踪。

南京衛戍司令唐生智以反攻答覆日松井之勸降通牒。

滬市民宣言反對上海偽組織。

國際

日宣稱對華軍事不以攻陷南京為止。

12月11日

二戰區

岱岳敵千餘北撤。

國內

南京下關火光燭天，我守軍仍在浴血抗戰中。

鎮江我軍向北郊撤退。蕪湖亦同時失陷。

12 月 12 日

國內

敵總攻南京八門。雨花台被突破，中華門內發生壯烈巷戰，中山街上雙方坦克車會戰。

泊蕪湖之英砲艦，蜜蜂、蟋蟀號被敵機轟炸，美艦巴納號亦被敵機炸沉。

國際

義大利退出國際聯盟。

12 月 13 日

二戰區

祁縣敵一部南犯被擊退。

國內

南京失守，我軍突圍，向浦口北撤退。

我軍退出南京，蔣委員宣言繼續抗戰。

冀南邯鄲敵西犯陷武安。

12 月 14 日

國內

南京近郊，我軍仍不斷向敵衝殺。

魯西、冀南連日有激戰。

北平偽臨時政府正式成立，王逆克敏任行政委員長。

國際

關於美巴納號被炸事，美總統羅斯福親向日皇抗議。

70 | 闔錫山故居所藏第二戰區史料 **第二戰區抗戰大事記**（1937-1939）
Historical Documents of the Second Theater in the Yan Hsi-shan's Residence
The Daily Records of the Second Theater in the Second Sino-Japanese War, 1937-1939

12月15日
二戰區

榆次敵五百餘，犯范村遇伏受創。

國內

浦口我軍尚在奮戰抵抗中。

12月16日
二戰區

榆次范村之敵退往太谷。

國內

浦口我軍退出。

敵由鎮江，當塗渡江侵入蒲鎮及泰興，並迫近揚州。

皖南宣城一度失陷，旋又被我軍奪回。

平漢敵大舉南攻，我軍扼守湯陰，予以痛擊。

蔣委員長發表告全國國民書。

12月17日
國內

由南京最後突出之我軍，殺抵廣德集中。

楊州發生激烈巷戰。

敵軍分三路北攻津浦及遲河，烏衣失守，滁州南全椒一帶有血戰。

滬杭路敵向杭州進犯。

12 月 18 日

二戰區

敵軍五百餘在交城北之磁窰溝與我激戰。

國內

敵由嘉杭路、京杭國道，及石門灣會攻杭州。海寧、長安一帶發生激戰。

由浦口北犯之敵猛撲滁州。和縣登陸之敵，向巢縣進犯。

敵計畫總攻山東，我已將敵青島之紗廠，完全炸燬。

12 月 19 日

二戰區

昔陽敵大部北退。

國內

敵總攻杭州。菁山市被陷。

津浦南段我軍扼守滁州北之張八嶺，猛烈抵抗。

我宣布封鎖安慶、漢口間之長江航線。

我全國要員集武漢會商，長期抗戰計畫。

12 月 20 日

國內

杭州已入戰時狀態。

江北敵圖三路犯徐州。邵伯一帶將展開血戰。

國府發表宣言否認北平偽組織，並嚴緝附逆漢奸。

魯北敵由清河渡黃河進犯青城、周村。

72　　閻錫山故居所藏第二戰區史料 **第二戰區抗戰大事記**（1937-1939）
Historical Documents of the Second Theater in the Yan Hsi-shan's Residence
The Daily Records of the Second Theater in the Second Sino-Japanese War, 1937-1939

12月21日

國內

浙我軍反攻菁山市，雙方砲轟甚烈。

津浦南段，明光東南發生激戰。

敵海空聯合猛轟廈門。

國際

日閣議決定對華我方針。

12月22日

二戰區

敵分途犯和瑞、榆社。和順縣城被陷。

國內

由津浦線北犯之敵與我在張八嶺、邵伯、巢縣一帶相持。張八嶺一度失陷，旋被我攻克。

南昌上空，敵我空戰，敵機被毀兩架。

敵艦犯粵圖由大鵬灣登陸，被我擊退。

12月23日

二戰區

和瑞敵向遼縣進犯。

國內

進犯杭州之敵，已迫近城郊與我守軍發生血戰。餘杭本日失陷。

皖南我軍克復廣德。

魯敵渡河後連陷我青城、博興等縣。

12 月 24 日
二戰區

我軍一度收復和順縣城。

國內

杭州被敵攻陷，我軍退守富陽。

魯北敵又由濟陽渡河直犯章邱。濟南、青島感受極大威脅。

魯主席韓復榘離濟南。

12 月 25 日
國內

魯敵佔領青城後，分攻青島、濟南。一部分已佔周村。

浙我軍出退富陽。

12 月 26 日
二戰區

遼縣被敵侵入。

閻司令長官由臨汾首途赴武漢出席國際會議。

國內

江北全椒敵開始進犯合肥。

魯敵猛犯濟南。

12 月 27 日
二戰區

祁縣及東觀鎮到敵數千，企圖沿同蒲鐵路與白晉公

74　閻錫山故居所藏第二戰區史料 **第二戰區抗戰大事記**（1937-1939）
Historical Documents of the Second Theater in the Yan Hsi-shan's Residence
The Daily Records of the Second Theater in the Second Sino-Japanese War, 1937-1939

路進犯。

國內

　　魯敵陷濟南，韓軍不戰而退。

12月28日

二戰區

　　交城附近敵我有小接觸。

　　祁縣敵向子洪口南北襲擊未逞。

國內

　　魯我軍集中泰安附近，敵由博山、萊蕪，抄襲泰安。

　　膠濟線敵軍一路東犯青島，佔領維縣。一路由張店南犯萊蕪。

12月29日

二戰區

　　侵犯和順、遼縣之敵，經我痛擊，向北撤退。

　　祁縣子洪口之敵被擊退。

國內

　　浙我軍反攻富陽，乘勝迫近杭州。

　　魯境我軍，左扼長清，右守淄川，正面由白馬山向北推進。

12月30日

二戰區

　　敵向交城增兵千餘，窺伺文水。

國內

我軍準備放棄青島，人民陸續撤退。重要建築物均被燬。

敵機四十架狂炸廣州。

敵司令松井招待敵記者稱，敵在華無領土野心，願以時間給予我政府，重行考慮其政策。

12 月 31 日
二戰區

山西省明令廢除苛捐雜費，實行合理負擔。

國內

青島我官員、軍隊盡數撤退，治安由外人組織之商團維持。

魯津浦線之泰安被陷。

豫漳河北我軍克復六合溝。

民國 27 年（1938）

1月1日
二戰區

朔縣敵增至三千餘，有南犯模樣。

國內

中央改組行政院，蔣辭行政院長兼職，孔祥熙、張羣分任正副院長。

津浦北段，兩軍在博山、界山、長清一帶肉搏。

浙我克復富陽，餘杭。

北平偽臨時政府人員在平就職。

1月2日
國內

津浦北段我軍退守大汶口。

津浦南段我軍由明光反攻，已展進至滁州。

我機飛南京，炸敵機場。

敵託德使陶德曼向我提出之構和條件，已被蔣委員長拒絕。

1月3日
二戰區

祁、太間我游擊部隊積極活動，斃敵甚多。

我軍在崞縣、原平間，襲擊敵運輸汽車與敵押運兵三百餘，激戰三小時，毀敵汽車十餘輛。

閻司令長官返臨汾。

78 | 閻錫山故居所藏第二戰區史料 **第二戰區抗戰大事記**（1937-1939）
Historical Documents of the Second Theater in the Yan Hsi-shan's Residence
The Daily Records of the Second Theater in the Second Sino-Japanese War, 1937-1939

國內

浙我軍反攻杭州，迫近城郊。

津浦北段敵我在大汶口激戰。

我空軍再襲南京敵機場及蕪湖。

我官方否認派代表赴南京和議。

國際

美總統羅斯福講演擁護和平，攻擊法西斯獨裁。

1月4日

二戰區

太原敵宣傳將向晉南總攻。

國內

魯敵侵佔大汶口、曲阜，我軍退出兗州。

我大軍集中徐州，決予敵重創。

反攻杭州我軍，繼續渡過錢塘江，前鋒抵達拱辰橋
附近。

敵向上海工部局提出三項狂妄要求。

1月5日

二戰區

左雲敵向右玉城進犯，正與我激戰中。

國內

魯敵侵入濟寧。

江北戰事重作，滁州、邵伯以北展開激戰。

杭州附近，我軍仍在猛攻中。

1月6日
二戰區
晉北敵聯合步隊七、八百人進犯平魯，與我軍在馬家窯附近激戰。
國內
津浦北段我軍反攻，迫近兗南之泗水橋。

杭州四郊據點均被我軍佔領。

國府聲明保留租界一切權利。

1月7日
二戰區
右玉縣城失陷。

崞縣、原平敵二千餘，向西進犯，被我擊退。
國內
津浦北段敵軍進至滕縣，我軍自正面及濟寧、汶上等處反攻，敵軍稍退。

連雲港及海州等處建築物，經我軍自動破壞，免資敵用。

我空軍兩襲蕪湖。
國際
國際學者愛因斯坦、羅素、杜威等發起援華運動。

1月8日
二戰區
進犯平魯之敵，增至千餘人，由井坪向我猛攻。

80

閻錫山故居所藏第二戰區史料 **第二戰區抗戰大事記**（1937-1939）
Historical Documents of the Second Theater in the Yan Hsi-shan's Residence
The Daily Records of the Second Theater in the Second Sino-Japanese War, 1937-1939

國內

津浦北段敵軍續向臨城進犯。

浙富陽方面連日砲戰。

蔣委員長在武漢召開重要軍事會議，我決改守為攻。

中國共產黨在延安召開七屆大會。

1月9日

二戰區

平魯縣城失陷。

國內

我大軍增援濟寧，當將縣城克復。

津浦北段，敵我在滕縣與鄒縣對峙。

南昌敵我空軍大戰。

國際

日內閣與大本營開聯席會議，決定對華根本政策。

1月10日

二戰區

晉冀察邊區政府在五台成立。

我游擊部隊在娘子關柏木井焚燬敵汽車二十餘輛。

國內

敵海軍由青島東之沙子口登陸，侵入青島市內。

浙我攻杭州部隊，退守錢塘江南岸。

津浦北段我軍向鄒縣、兗州推進。

國際

英公佈本年度造艦計畫。

1 月 11 日

二戰區

我軍反攻克復平魯，殘敵向朔縣潰退。

國內

魯濟寧再失守，津浦正面，我軍迫近兗州。

敵機襲漢，投彈百餘枚。

廣西柳州敵我發生空戰。

魯主席韓復榘因不遵命令，擅自撤退，被撤職拏辦。

國際

日開御前會議通過對華政策。

1 月 12 日

二戰區

敵獲援後，分路向平魯縣城反攻，我軍暫退城外。

國內

蔣委員長下令堅守隴海線，任何犧牲，在所不惜。

浙我軍又迫近杭州。

1 月 13 日

二戰區

我軍再向平魯縣城反攻，克復佔領之。

國內

魯我軍再度克復濟寧。

軍委會制定統一兵員徵募及補充方案，並在各省成立軍管區，專司徵募、訓練等事。

82 | 閻錫山故居所藏第二戰區史料 **第二戰區抗戰大事記**（1937-1939）
Historical Documents of the Second Theater in the Yan Hsi-shan's Residence
The Daily Records of the Second Theater in the Second Sino-Japanese War, 1937-1939

1月14日

國內

　　魯濟寧我軍猛向兗州反攻。

　　敵向我提出性質較和緩之和議新條件。

國際

　　法旭丹內閣辭職。

1月15日

二戰區

　　昔陽敵六、七百分兩股進犯，一股竄至長嶺，一股竄至東冶頭。

國內

　　津浦北段，戰事激烈，我軍已抵兗州近郊。

　　魯濟寧經混戰後，復陷敵手。

　　皖我軍克復宣城，會攻蕪湖。

　　國府特任閻錫山等為軍委會委員。

1月16日

二戰區

　　昔陽出擾之敵，經我游擊隊堵擊，已潰退平定屬測魚一帶。

國內

　　津浦北段仍在激戰中，我軍一部進擊曲阜。

　　江北方面，兩軍成對峙狀態。

　　魯省政府改組，沈鴻烈任主席。

國際

　　日政府發表宣言，聲明今後不以我政府為交涉對手。

　　國際勞工組織在比京開會，決定排斥日貨。

1 月 17 日

國內

　　津浦北段兩軍相持於鄒縣、兩下店間，南段敵似有北進狀態。

1 月 18 日

國內

　　國府發表聲明，重申抗日自衛立場，在維護領土主權之完整。

　　津浦南段臨淮關與蚌埠南發生激戰。明光失陷。

　　皖我軍反攻蕪湖頗得手。

　　敵召回駐華大使，我駐日大使亦奉召返國。

國際

　　法閣潮解決，旭丹另組新閣。

1 月 19 日

國內

　　津浦南段敵主力猛攻，已佔臨淮關。

　　蕪湖方面，我軍一度攻入泚灣鎮。

　　魯主席韓復榘被撤職查辦。

84

閻錫山故居所藏第二戰區史料 **第二戰區抗戰大事記**（1937-1939）
Historical Documents of the Second Theater in the Yan Hsi-shan's Residence
The Daily Records of the Second Theater in the Second Sino-Japanese War, 1937-1939

1月20日

國內

津浦南段敵由臨淮關渡淮，猛攻蚌埠。

津浦北段，正面仍在兩下店對峙，右翼敵盤據蒙
陰、泗水。

川主席兼綏靖主任劉湘逝世。

我駐日許大使離日返國。

國際

我立法院長孫科抵莫斯科，代表國府與蘇聯談判。

1月21日

二戰區

朔縣敵千餘，向寧神移動。

民族革命大學在臨汾成立。〔我訓話〕

國內

津浦南段戰事移至明光北之大小溪河一帶。

我政府嚴明賞罰，處決抗戰違令者九人，違令免職
者三十人。

國際

我駐英大使館表示我國之堅決態度，對屈辱條件決
不接受。

1月22日

國內

津浦南段無變化，北段我軍正反攻濟寧。

國際

日議會重開，廣田首次發表對華議和四原則。

1 月 23 日
國內

各路戰事沉寂，敵我成對峙狀態。

前魯主席韓復榘，以違令退卻，被判處死刑。

1 月 24 日
國內

魯敵海軍由威海衛登陸，我守軍奮起抵抗。

平漢線我游擊部隊到處活動，予敵重創。

鄂宜昌遭敵機初次空襲。

我官方人士稱，廣田四項原則，中國不願討論。

1 月 25 日
國內

皖宣城、蕪湖戰事劇烈。

行政院決議以李宗仁任皖主席。

1 月 26 日
國內

我調集大軍三十萬，準備在徐海區大戰。

津浦北段兩翼戰事激烈。

我空軍飛南京炸毀敵機三十餘架。

86　閻錫山故居所藏第二戰區史料 **第二戰區抗戰大事記**（1937-1939）
Historical Documents of the Second Theater in the Yan Hsi-shan's Residence
The Daily Records of the Second Theater in the Second Sino-Japanese War, 1937-1939

國際

　　國聯行政院常會開幕。

1月27日

國內

　　津浦兩端戰事，連日趨重側翼，正面反較沉寂。

1月28日

二戰區

　　敵軍三、四百人，飛機二架，猛攻定襄城，我軍退守蔣村。

國內

　　津浦南段，明光附近，敵步砲空連合，猛攻我河西陣地，雙方發生激戰。

　　津浦北段右翼，我軍進駐蒙陰，續攻泗水與曲阜。

　　敵大使川越離滬返國。

1月29日

二戰區

　　昔陽敵四百餘在南北界都被我擊潰。

國內

　　津浦南段西側刻仍在激戰中，北段我圍攻濟寧，血戰甚烈。

　　蔣委員長電川將領，安心服務，勿為謠言所惑。

1 月 30 日

二戰區

敵機五架飛臨汾投彈十枚，多落堯廟機場附近。

我軍收復定襄縣城。

國內

津浦南段西側池河兩岸戰頗為激烈，我軍肉搏爭奪明光對岸之梁家山。

敵機襲洛，與我機猛烈空戰。

1 月 31 日

二戰區

我軍收復祁縣之灣沚。

國內

津浦南段，已全面展開，池河鎮及藕塘我軍略向西移。

88 | 閻錫山故居所藏第二戰區史料 **第二戰區抗戰大事記**（1937-1939）
Historical Documents of the Second Theater in the Yan Hsi-shan's Residence
The Daily Records of the Second Theater in the Second Sino-Japanese War, 1937-1939

2月1日

二戰區

綏遠我軍收復安北縣城。

國內

津浦南段，以池河為中心，血戰至烈。

豫省府改組，任命程潛為主席。

國際

國聯會議，我代表要求制裁暴日。

2月2日

二戰區

我機十三架轟炸太原敵軍。

國內

津浦南段敵佔領明光後，續向北犯，我拆毀淮河各橋，固守蚌埠。鳳陽、定遠已被敵軍侵入。

國際

日廣田外相演說，攻擊英、蘇兩國。

國聯決議鼓勵會員國個別援華。

2月3日

二戰區

山西全境劃分為七個保安區。任命郭如嵩等為保安區司令。

清源、交城敵七百餘，侵入古交鎮。

國內

津浦南段敵軍進佔臨淮關及蚌埠。我軍移至定遠以

西，相機反攻。

　　津浦北段，我軍自克復蒙陰後，即向新泰進擊，現在敖陽鎮附近，與敵相持。

2 月 4 日
二戰區
　　閻司令長官策畫出擊，反攻太原。

　　綏遠我軍收復安北。
國內
　　津浦南段，我軍撤至固鎮，刻在蚌埠北之淮河對峙。
國際
　　美礦工五十萬人抵制日貨。

2 月 5 日
二戰區
　　太原敵向陽曲河口進犯，被擊退。
國內
　　津浦南段，敵渡河攻懷遠，正在血戰中。

　　津浦北段敵重陷蒙陰及諸城。

2 月 6 日
二戰區
　　綏敵千餘開包頭反攻安北，正與我對戰中。
國內
　　淮河北岸，敵陷懷遠，我軍正向敵包圍推進中。

90

閻錫山故居所藏第二戰區史料 **第二戰區抗戰大事記**（1937-1939）
Historical Documents of the Second Theater in the Yan Hsi-shan's Residence
The Daily Records of the Second Theater in the Second Sino-Japanese War, 1937-1939

2月7日

國內

淮河兩岸，敵我對峙。定遠附近，血戰方酣。

浙西方面，我軍正由餘杭向杭州推進。

我空軍飛炸蚌埠、懷遠敵陣地。

2月8日

二戰區

我軍克復渾源縣城。

我出擊部隊，分別向指定地點開拔。

國內

淮河北岸我軍已佈成堅固陣線，並不斷渡河襲敵。

敵機狂炸鄂長江沿岸各大都市。

豫北平漢線敵由彰德南犯。

2月9日

國內

敵由豫、魯、蘇、皖等省，南北會攻隴海路，我軍
隨處予以阻抗。

豫北我軍在湯陰北之寶蓮寺與敵激戰。

豫北敵一部東犯侵入魯西之濮陽縣。

2月10日

國內

津浦南段我軍奮力抵禦敵軍北犯。

2 月 11 日

二戰區

晉中敵調動頻繁，太原機場停敵機四十餘架，有南犯模樣。

國內

淮河通岸，展開血戰，我機前往助戰，北渡之敵已被擊退。

冀南我軍收復豐清，進迫南樂。

2 月 12 日

二戰區

我軍攻佔文、交間之開柵鎮。

國內

津浦南段，我陸空聯合，猛攻蚌埠，阻敵渡河。

平漢線敵南犯，迫近湯陰。

魯南我軍向濟寧、汶上反攻。

國際

國際和平運動大會，所發啟之反侵略會議，在倫敦開幕，參加者十九國代表，九百餘人。

2 月 13 日

二戰區

敵軍千餘向文水進犯。

平遙縣城，被敵佔領。

國內

平漢線正面，敵佔領湯陰，我軍堅守淇河之線，阻

92 | 閻錫山故居所藏第二戰區史料 **第二戰區抗戰大事記**（1937-1939）
Historical Documents of the Second Theater in the Yan Hsi-shan's Residence
The Daily Records of the Second Theater in the Second Sino-Japanese War, 1937-1939

其前進。

　　淮河我軍後撤，敵向固鎮進犯。

　　豫北東犯侵入魯西長垣。

2月14日

二戰區

　　敵揚言自本月十五日起總攻晉南，並限二十日內肅清晉南。

　　敵步砲空聯合猛攻文水，我守軍竭力抵禦。

　　平遙敵續向南犯，侵入張蘭鎮。

國內

　　津浦北段，我全線反攻，收復汶上，進攻鄒縣，包圍濟寧。

　　津浦南段，我軍包圍鳳陽。

　　平漢線敵佔淇縣，進犯衛輝。

　　敵機襲鄭州，我民眾死傷千餘。

國際

　　世界反侵略大會，通過援華決議案。

2月15日

二戰區

　　文水城失守。敵騎三、四百沿太軍公路向汾陽急進。

　　我軍在交城北南嶺斃敵數十。

國內

　　平漢線衛輝、封邱附近發生激戰。

　　津浦北段正面我圍鄒縣、兩下店，左翼圍濟寧，右

翼向諸城、臨朐、蒙陰挺進。

津浦南段，我圍定遠、鳳陽與敵在淮河南鏖戰。

2 月 16 日

二戰區

敵軍千餘攻陷孝義縣城。介休亦於本日晚失守。

豫涉縣敵二千餘西犯，陷响堂舖，我軍退守東陽關及黎城。

衛立煌被任命為第二戰區副司令長官。

民族革命同志會在臨汾北之溫泉開成立大會。

國內

津浦南段強渡淮河之敵，受我南岸鐵路兩側之部隊壓迫，大部撤回淮南，北段我衝入濟寧城內與敵發生巷戰。

平漢線敵佔衛輝，續犯新鄉。

敵機襲蘭州，被我機擊落多架。

國際

英、法、美反對日本干涉滬租界行政。

2 月 17 日

二戰區

汾陽被敵攻陷，同時兌九峪我軍亦向後轉移。

東陽關及黎城相繼陷入敵手。

沿同蒲線南下之敵，在靜昇鎮被我擊退。

國內

津浦北段，戰事激烈，鄒縣、濟寧為雙方爭奪之點。

94 | 閻錫山故居所藏第二戰區史料 **第二戰區抗戰大事記**（1937-1939）
Historical Documents of the Second Theater in the Yan Hsi-shan's Residence
The Daily Records of the Second Theater in the Second Sino-Japanese War, 1937-1939

津浦南段，我收復小蚌埠，淮北除懷遠外，無敵踪。

平漢線敵甚猖獗，新鄉被陷，開封正北之柳園，亦發現敵踪。

2月18日

二戰區

汾、孝敵五、六千人，砲空聯合，向南猛犯，於本日侵入大麥郊。

侵入東陽關、黎城之敵繼續西犯，我軍正沿濁漳河堵擊中。

國內

魯南敵軍續增，犯我嶧山。

敵機卅八架襲漢口，被我空軍擊落十二架。

敵機襲重慶。

豫北敵陷獲嘉、修武。

國際

德迫奧接受亡國條件。

2月19日

二戰區

同蒲線敵犯靈石北之桃蔭坡，有繞道汾西，直趨霍縣企圖。

晉西敵繼續南犯，與我軍在高廟村附近，展開血戰。

晉東南敵陷潞城並迫近長治縣城，與我正激戰中。

敵機十架分炸長子、沁縣、榆社等縣。

國內

魯我軍反攻嶧山，正在激戰中。

平漢線我軍扼守獲嘉，並炸斷黃河鐵橋，阻敵前進。

2 月 20 日

二戰區

晉東南長治縣城失守。我民眾被殘殺千餘。

同蒲線敵我在靈石以北激戰。

豫北清化一帶之敵向晉東南進犯。

隰縣之川口失陷。

敵機四架炸高平縣城，投彈四十餘枚。

國內

敵在開封北面圖渡河被擊退。

淮河南岸之敵已被我軍四面包圍。

豫北博愛縣失守。

魯東敵陷莒縣、日照，向臨沂進犯。

國際

德元首希特勒宣言承認偽滿州國。並要求收回殖民地。

英外相艾登辭職。

2 月 21 日

二戰區

隰縣之川口失守，我趙旅長錫章殉國。

侵入長治之敵約二千餘，一路向長子進犯，一路向高平進犯。又屯留本日失守。

96 | 閻錫山故居所藏第二戰區史料 **第二戰區抗戰大事記**（1937-1939）
Historical Documents of the Second Theater in the Yan Hsi-shan's Residence
The Daily Records of the Second Theater in the Second Sino-Japanese War, 1937-1939

國內

我最高軍事當局通令各線反攻。

津浦北段，濟寧、汶上血戰未已。

敵機六十一架分十批襲粵。

2月22日

二戰區

靈石之雙池鎮被敵佔領。

我軍襲大麥郊克之，獲大砲一門。

臨屯公路上之府城鎮附近，敵我激戰。

朔縣敵向陽方口進犯。

國內

豫北敵陷沁陽、孟縣。

津浦北段，濟寧我軍略退，與敵隔河相持。

我機襲杭州敵機場。

2月23日

二戰區

晉西我軍繞至敵後，曾一度收復石口、川口。

靈石失守，我軍向韓信嶺南轉移。

利民堡敵南犯，侵入神池。

沿汾離公路西犯之敵，侵入離石。

長治南犯敵侵入高平。

國內

豫北敵續向西進犯，我軍移至濟源附近。

魯敵分向沂水、莒縣進襲。

我空軍飛台灣，轟炸台北，毀敵機四十餘架及其機庫油廠。

敵大本營發表松井大將返國，以畑俊六大將繼任華中最高指揮官。

2 月 24 日

二戰區

沿臨屯公路西犯之敵，被我阻於古羅、堯店。

晉城、清化間之天井關，被敵突破。

隰縣以北敵我激戰甚烈。

寧武縣城被敵侵入。

離石敵南下侵入中陽。

國內

豫北敵數處圖渡河，均被擊退。

津浦北段，我敢死隊反攻濟寧，敵被迫退出城東。

2 月 25 日

二戰區

我軍一部迫近文水、交城城關，與敵激戰。

省府下令將各縣人民武裝自衛隊及公安局警察，改為游擊支隊，由縣長任支隊長。

離石西犯之敵侵入柳林。

閻司令長官離臨汾赴前方督師。

國內

津浦北段正面兩軍仍在兩下店對峙，左翼敵犯嘉祥、金鄉，正與我激戰中，右翼在沂水、莒縣一帶

98　閻錫山故居所藏第二戰區史料 **第二戰區抗戰大事記**（1937-1939）
Historical Documents of the Second Theater in the Yan Hsi-shan's Residence
The Daily Records of the Second Theater in the Second Sino-Japanese War, 1937-1939

血戰。

　　敵機襲南昌，被我機擊落八架。

　　蔣委員長自徐州返抵洛陽。

2月26日

二戰區

　　臨屯公路上我軍退出古羅，敵竄至洪洞南面之曲亭。

　　越天井關北犯之敵侵入晉城。

　　隰縣失陷。

　　柳林、軍渡被敵侵入，正與西岸宋家川我軍砲戰。

國內

　　皖我軍克復六合，直抵長江北岸。

　　平漢線敵扼守新鄉，與南岸我軍對峙。

　　我空軍飛蕪湖附近轟炸停泊江面之敵艦。

2月27日

二戰區

　　我軍放棄臨汾。閻司令長官率部移晉西蒲縣、吉縣
間督戰。

　　我軍變更戰略，向敵後轉移，實行游擊戰。

　　敵陷隰縣後，繼續南犯，與我軍在午城鎮激戰終
日，晚我軍向大寧轉移。

　　我軍猛攻寧武，一度衝入城內。

國內

　　淮河南岸敵軍又渡河北進。

　　魯東我軍克復沂水，並在莒縣附近，與敵血戰。

2月28日

二戰區

晉城敵西犯，侵入陽城。

侵入臨汾之敵，沿同蒲路南犯。

我軍放棄大寧向吉縣轉移。

我軍一度襲克隰縣城。

神池西犯敵陷五寨、保德。

垣曲被敵侵入。

國內

魯西南侵入嘉祥之敵，向鉅野進犯。

寧夏阿拉善旗達王謀叛，為該省主席馬鴻逵所擒，並改編其軍隊。

100　閻錫山故居所藏第二戰區史料 **第二戰區抗戰大事記**（1937-1939）
Historical Documents of the Second Theater in the Yan Hsi-shan's Residence
The Daily Records of the Second Theater in the Second Sino-Japanese War, 1937-1939

3月1日

二戰區

　　晉城西犯之敵續犯沁水。

　　臨汾敵沿同蒲路南下，陷曲沃、候馬。

　　委員長電令晉境兵卒在晉境游擊，雖一兵一卒，不得過河，違者軍法從事。

　　保德敵一部在飛機掩護下，渡河竄至陝境府谷。

　　蒲縣失陷。

國內

　　魯西南進犯鉅野之敵，經我迎擊，未能進展。

　　敵機四十一架襲廣州，中山大學被燬。

3月2日

二戰區

　　沿同蒲線敵陷聞喜。

　　由離石北犯之敵二千餘，被我軍阻滯於大武鎮一帶。

　　候馬敵一股西犯陷新絳。

　　河曲被敵攻陷。

國內

　　平漢線我軍連日克復長垣、滑縣等地。

　　津浦線戰況較沉寂。

　　川政潮和平解決，鄧錫候被任為川康綏靖主任。

國際

　　美海軍在太平舉行大演習。

3月3日
二戰區

沿同蒲路南下之敵侵入安邑。

沁水西犯之敵陷翼城。

岢嵐被敵侵入。

偏關被敵攻陷。

國內

津浦、平漢線戰事均無變化。

3月4日
二戰區

自昨日起，我軍向大武之敵猛攻兩晝夜，斃敵五百餘，毀敵汽車四十餘輛。

候馬西犯敵陷稷山。

沿同蒲線敵陷運城、解縣。

我軍克復保德。

國內

豫我軍由鄭州渡河北攻，一度克復新鄉。

國際

美宣言外交政策，信守條約，力維和平。

3月5日
二戰區

沿同蒲線敵越虞鄉，犯永濟，在孟明橋遭我襲擊。

稷山敵竄至河津及東禹門。

102 閻錫山故居所藏第二戰區史料 **第二戰區抗戰大事記**（1937-1939）
Historical Documents of the Second Theater in the Yan Hsi-shan's Residence
The Daily Records of the Second Theater in the Second Sino-Japanese War, 1937-1939

國內

　　平漢線我軍積極反攻，已克復道清線上重要據點
數處。

　　津浦南北段，兩軍時有接觸。

3月6日
二戰區

　　■■■■侵入■■敵竄至風陵渡。

　　敵■■■■■。

國內

　　津浦線敵正在增援中，戰事沉寂。

　　魯東諸城一帶我游擊隊不斷與敵接觸。

　　川將領聯名電蔣委員長，決率所部抗戰，決以至
誠，服從命令。

　　我封鎖連雲港。

3月7日
二戰區

　　竄擾風陵渡之敵向南岸潼關砲擊。

國內

　　豫北我游擊隊極活躍，連日收復永年、肥鄉、內黃
等縣。

3月8日
二戰區

　　運城敵一股西犯，陷猗氏、臨晉。

敵機三架襲鄉寧。

國內

豫西孟縣、溫縣敵軍隔河向南岸砲轟至烈。

魯敵一路攻臨清,一路向臨沂、日照推進,均與我血戰中。

3 月 9 日

二戰區

我軍反攻蒲縣,敵據城頑抗。

晉南敵一股由解縣越中條山南犯。

國內

魯南臨沂方面,敵我陣地無變化。

3 月 10 日

二戰區

臨晉敵竄至榮河。

我軍收復岢嵐。

越中條山南犯之敵,侵入芮城。

國內

津浦北段兩下店,與濟寧附近,發生血戰。

豫北平漢線與道清線,兩軍作拉鋸戰。無甚定局。

我空軍轟炸南京、蚌埠。

華北偽聯合準備銀行在平成立,發行偽鈔。

104 | 閻錫山故居所藏第二戰區史料 **第二戰區抗戰大事記**（1937-1939）
Historical Documents of the Second Theater in the Yan Hsi-shan's Residence
The Daily Records of the Second Theater in the Second Sino-Japanese War, 1937-1939

3月11日

二戰區

我軍猛攻五寨，極為順利。

祁縣東觀鎮，增到敵軍三千餘，向我候城鎮、白城鎮進犯，被擊退。

我軍在長子北之鮑店斃敵千餘。

國內

敵機四批襲西安，被我機擊退。

3月12日

二戰區

寧武敵千餘向我分水嶺進犯，陷東寨。

國內

膠濟線我游擊隊克復鐵路北之壽光、臨淮等縣。

本日為孫總理十三週紀念日，重慶、漢口舉行遙祭，汪精衛發表演說，謂屈服即滅亡。

國際

德國進兵奧國。

3月13日

二戰區

衛副司令長官到吉縣與閻司令長官相會。

國內

晉、陝、豫邊界，潼關、陝州、靈寶等縣，與北岸敵軍發生激烈砲戰。

魯敵步騎砲聯合分南北二路向臨沂攻擊。一路由滋

陽、鄒縣進犯台兒莊、韓莊。

3 月 14 日
二戰區

大武鎮一帶之敵約三千餘，經我軍猛襲，傷亡甚重。

敵由臨汾、蒲縣、河津分八路向吉縣進犯。

進犯分水嶺之敵，被我擊潰，向寧武退去。

國內

津浦北段，敵大舉南犯，向我界河陣地猛攻。

魯南臨沂方面我軍反攻，與敵激戰。

敵機夜襲南昌，與我發生激烈空戰。

我財部實施外匯統制辦法。

國際

德宣布奧國合併於德。

3 月 15 日
二戰區

大武鎮被我軍攻克，敵向離石潰竄。

臨汾、蒲縣之敵五千餘經午城鎮向大寧進迫。

我軍克復長子、陽城。

國內

津浦北段敵分三路南下，我軍放棄界河，節節抵抗。

魯東南臨沂我軍反攻甚猛，敵機整日向我陣地狂炸。

敵機夜襲漢口我機場。

106 閻錫山故居所藏第二戰區史料 **第二戰區抗戰大事記**（1937-1939）
Historical Documents of the Second Theater in the Yan Hsi-shan's Residence
The Daily Records of the Second Theater in the Second Sino-Japanese War, 1937-1939

3月16日

二戰區

大寧失陷。

晉東我軍在黎、潞間殲敵千餘，獲槍五百支，並一度攻入黎城。

晉西北我軍肅清河西殘敵，乘勝克復河曲。

國內

津浦北段敵以主力直迫滕縣，一部迂迴臨城，與我軍肉搏至烈。

國際

日議會通過總動員法案。

3月17日

二戰區

進犯吉鄉之敵軍千餘進至五龍宮前之范家莊與我對峙中。

神池義井敵千餘西犯，被我軍阻擊於橫山。

國內

魯南敵陷滕縣，我守將王銘章師長殉國。

魯東南臨沂我軍渡過沂河擊潰敵軍。

皖南我軍反攻宣城。

國際

日議會通過電力國營法案。

3 月 18 日

二戰區

　　敵機四架襲擾吉縣，並在師家灘投彈廿餘枚。

　　大寧敵竄至人祖山附近，我軍向寺落鎮進攻，與敵激戰中。

國內

　　津浦北段經終日之激戰，滕縣失守，王銘章師長以下多壯烈殉國。滕縣南之臨城亦被敵軍侵入。

　　臨沂方面我軍大捷，殲敵長野聯隊長以下五千人。

3 月 19 日

二戰區

　　敵軍侵入吉縣城，大肆焚殺。閻司令長官渡河暫駐陝西宜川之桑柏村。

　　我軍收復浮山。

　　我軍克復沁水縣城，殲敵五百餘。

　　我軍襲擊神池之義井，傷敵數百。

國內

　　魯南侵入滕縣之敵，主力犯嶧縣，另一部犯韓莊，經我軍猛烈抵抗後，兩地同時失陷。

　　臨沂敵獲援後，復向我反攻，雙方死傷均重。

　　我空軍飛蕪湖猛炸敵軍。

　　魯南臨城被敵攻陷。

108 | 閻錫山故居所藏第二戰區史料 **第二戰區抗戰大事記**（1937-1939）
Historical Documents of the Second Theater in the Yan Hsi-shan's Residence
The Daily Records of the Second Theater in the Second Sino-Japanese War, 1937-1939

3月20日

二戰區

保德敵焚城北逸，我軍入城安民。

我軍克復五寨。

侵入吉縣之敵，分西、南兩路進犯。

國內

魯南我軍一部在滕縣南阻敵前進，一部繞攻敵軍後方，前後奮擊，卒將敵軍第一線佔領。

蔣委員長過鄭州赴徐督師。

3月21日

二戰區

我軍克復偏關。

我軍圍攻洪洞縣城。

國內

我生力軍集中徐州，李宗仁親臨前線指揮，士氣頗振。

魯南我軍據運河南岸強烈抵禦，韓莊、滕縣附近尚在混戰中。

臨沂方面我獲大勝，克復沂水；濟寧方面我軍反攻，迫近城郊。

3月22日

二戰區

大寧敵分兩路向永和、桑壁、隰縣進犯。

我軍在神池之義井鎮與敵三千餘相持。

鄉寧被敵侵入。

國內

津浦我軍全線反攻,沿臨棗支線之敵猛犯台兒莊,被擊退。

津浦南段,我軍猛攻考城,包圍定遠。

3 月 23 日

二戰區

我軍克復神池。

我軍夜襲定襄之大小南邢,殲敵極眾。

國內

魯南我軍反攻,臨棗支線及兗州、滕縣、臨城等處均有激戰。

豫北封邱、新鄉、溫縣、孟縣,均受我軍圍攻。

3 月 24 日

二戰區

大寧敵二千餘向蒲縣退卻,被我軍在上下如古邀擊,斃傷敵二百餘。

我軍克復偏關東北之老營堡。

國內

魯南仍在激戰中。我軍正面扼守韓莊至台兒莊之線。左翼迫近兗州,右翼在臨沂北之湯頭鎮與敵苦戰。

閻錫山故居所藏第二戰區史料 **第二戰區抗戰大事記**（1937-1939）
Historical Documents of the Second Theater in the Yan Hsi-shan's Residence
The Daily Records of the Second Theater in the Second Sino-Japanese War, 1937-1939

3月25日

二戰區

中離敵五、六百向我王家嶺陣地進犯，被擊退。

我軍在洪洞北胡麻村伏擊敵北上大車，斃敵八十餘。

敵軍四百餘，侵入定襄縣城。

國內

魯南敵分三路進犯徐州，一路由嶧縣南下，一路攻台兒莊，一路向臨沂前進。

蔣委員長親自視察津浦線戰事，並下令向敵總攻，雙方激戰至烈。

我空軍三路出動，飛炸平漢、津浦線敵軍，在歸德與敵機發生空戰，擊落敵機六架。

3月26日

二戰區

遼縣敵二千餘，在飛機三架掩護下，向馬嶺關進犯。

國內

津浦北段，我高級長官親上前線督師，台兒莊、棗莊、臨沂一帶，展開血戰。

敵機三次襲徐州。

3月27日

二戰區

我軍迫近大寧城，積極進攻。

我軍收復垣曲縣城。

國內

　　魯南我軍總攻後，臨棗台支線之敵被我截成數段，大汶與滕縣間之敵亦被腰截圍擊。臨沂方面，敵向相公莊一帶移退。

　　敵機七十餘架，空襲武漢，被我機逐去。

3 月 28 日

二戰區

　　進攻大寧我軍，克復午城鎮。

國內

　　魯南會戰，我最高領袖親臨指揮，士氣倍增，竄抵台兒莊之敵數百，被我盡數殲滅。臨沂方面，我軍略向後撤。

　　醞釀已久之華中偽維新政府，今日成立。

3 月 29 日

二戰區

　　我軍攻克井坪。

國內

　　魯南各地，敵我反復爭奪，戰況極烈。臨城被我克復。

　　國民黨臨時代表大會在漢口開幕。

3 月 30 日

國內

　　魯南戰事正面以台兒莊為焦點，左翼濟寧，右翼臨

112 | 閻錫山故居所藏第二戰區史料 **第二戰區抗戰大事記**（1937-1939）
Historical Documents of the Second Theater in the Yan Hsi-shan's Residence
The Daily Records of the Second Theater in the Second Sino-Japanese War, 1937-1939

沂，皆有空前血戰。

豫北敵犯道口、濬縣、滑縣，與我軍在激戰中。

3月31日

二戰區

我軍在東陽關、响堂鎮間伏擊，斃敵四百餘。

隰縣被敵侵入。

敵五、六百再陷長子。

國內

魯南台兒莊一帶，兩軍死力爭奪，雙方傷亡均重。

兩翼我軍亦有相當進展。

我機四十架，輪流在嶧縣四周轟炸。

皖南廣德大捷，敵傷亡四、五千人。

4月1日
二戰區

隰縣敵三千餘向永和、大寧進犯。

我軍克復陽城及垣曲北之同善鎮。

我軍克復寧武縣城。

東禹門敵我隔河砲戰。

國內

國民黨臨時代表大會閉幕，蔣、汪當選正副總裁。大會發表宣言與抗戰建國綱領。

魯南台兒莊一帶之敵完全陷我包圍圈內。

國際

英、美宣布廢除主力艦限制。

4月2日
【無記載】

4月3日
二戰區

石樓縣城，被敵侵入。辛關亦陷敵手。

我軍攻克大寧縣城。

國內

魯南台兒莊一帶我軍四路進攻，獲空前勝利，擊潰坂垣、磯谷兩師團，敵死傷二萬餘，被俘數千。

114 | 閻錫山故居所藏第二戰區史料 **第二戰區抗戰大事記**（1937-1939）
Historical Documents of the Second Theater in the Yan Hsi-shan's Residence
The Daily Records of the Second Theater in the Second Sino-Japanese War, 1937-1939

4月4日

二戰區

吉縣敵經我軍連日猛襲，紛向鄉寧逃竄。

永和縣城被敵侵入。

國內

魯台兒莊我軍繼續殲敵。

4月5日

二戰區

永和敵二千餘，附砲廿餘門南犯。

晉東南我軍攻克高平。

4月6日

二戰區

我軍在石永公路上邀擊南進之敵，予以重創。

我軍收復石樓縣城。

敵增援反攻高平，我軍撤出城外。

國內

魯南我軍第三次總攻，將台兒莊圩內敵二千餘，完全消滅。

魯南台兒莊一帶敵被我連日殲滅達三萬餘，殘部萬餘北潰。

4月7日

二戰區

由永和南竄敵，被我軍伏擊於毛咀山，傷亡七百

餘人。

晉南我軍收復垣曲，進迫張店。

國內

魯南大捷，全國各地舉行慶祝。

蔣委員長通電全國，告以聞勝勿驕，聞敗勿餒。

4月8日

二戰區

晉東敵主力循昔遼公路南犯。

晉西我軍收復吉縣、永和。

國內

五屆四中全會通過國民參政會組織條例。

4月9日

二戰區

沿昔遼公路南犯之敵，經我阻擊，展開劇戰。

長治縣城，再被敵侵入。

國內

豫北我軍收復濬、滑兩縣。

國際

法內閣改組，右傾分子達拉第出任總理。

4月10日

二戰區

祁縣敵三千餘由子洪口南犯，與我軍發生激戰。

沁源失陷。

116　閻錫山故居所藏第二戰區史料 **第二戰區抗戰大事記**（1937-1939）
Historical Documents of the Second Theater in the Yan Hsi-shan's Residence
The Daily Records of the Second Theater in the Second Sino-Japanese War, 1937-1939

國內

魯南嶧縣殘敵分兩路突圍，被殲大半。

敵機襲豫歸德、牧馬集，被我擊落五架。

4月11日

二戰區

吉縣附近之敵，經我軍壓迫，向鄉寧撤退。

遼縣縣城，被敵侵入。

國內

魯南我軍攻入曲阜、寧陽。嶧縣旦夕可下。

4月12日

二戰區

晉西我軍一度衝入鄉寧。

晉東南武鄉失陷。

安邑、運城敵五百餘南犯茅津渡，被我擊退。

國內

魯南我軍總攻，包圍嶧縣。

國府公佈國民參政會組織法。

廣州上空，敵我激烈空戰，敵機七架被擊落。

國際

德宣布奧國為德國之一省。

4月13日

二戰區

晉南我由豫、陝渡河部隊，向中條山附近進擊。

國內

　　魯南我軍攻克嶧縣四周要塞。

　　淮南我軍圍攻蚌埠，迫近蕪湖。

4 月 14 日

二戰區

　　晉東我軍收復屯留，一度衝入武鄉。

國內

　　魯南嶧縣城郊戰事甚烈。

　　浙富陽附近，敵我劇戰。

4 月 15 日

二戰區

　　中條山我軍攻入平陸北之張店鎮。

　　我游擊部隊在和順之松煙鎮，斃傷敵數百。

　　晉東我軍克復沁源縣城。又敵我爭奪武鄉縣城戰事
甚激。

　　閻司令長官渡河東督師，駐吉縣中壽。

國內

　　魯南我軍攻佔嶧縣西南關。

　　皖我軍圍攻宣城。

4 月 16 日

二戰區

　　我軍克復鄉寧縣城，俘敵數十。

　　中條山我軍攻佔王峪口。

118

閻錫山故居所藏第二戰區史料 **第二戰區抗戰大事記**（1937-1939）

Historical Documents of the Second Theater in the Yan Hsi-shan's Residence
The Daily Records of the Second Theater in the Second Sino-Japanese War, 1937-1939

國內

　　魯南我軍猛攻嶧縣。

國際

　　英義協定成立。

4月17日

二戰區

　　平陸、芮城附近之敵，被我游擊隊襲擊，受重創。

　　遼縣敵向昔陽撤退。

　　由霍縣北撤之敵數百，汽車四十餘輛，經我軍在靈石附近伏擊，毀敵汽車廿餘輛，斃敵二百餘。

國內

　　魯南嶧縣附近仍在激戰中。

　　敵機夜襲武漢，與我空戰甚烈。

4月18日

二戰區

　　我軍收復武鄉縣城。

國內

　　魯南敵援軍大至，圖解嶧縣之圍。

4月19日

二戰區

　　我軍收復平陸縣城。

　　沁縣、武鄉之敵，向東潰退，我軍收復沁縣城。

國內

魯南我軍在臨沂附近，斃敵甚眾。

4 月 20 日

二戰區

子洪口附近之敵，經我軍連日襲擊，受創甚鉅。

國內

魯南我軍放棄臨沂縣城。

4 月 21 日

二戰區

晉東我軍一度攻入長治縣城。

綏遠我軍襲佔清水河。

國內

魯南圖打通臨嶧交通，我軍分別圍攻。

國際

法、意兩國代表在羅馬舉行會談，企圖解決西班牙問題。

4 月 22 日

二戰區

長治敵一部數千南犯。

國內

魯南嶧縣敵突圍，被我殲滅六百餘。

津浦南段，敵渡淮北犯，被擊退。

120 | 閻錫山故居所藏第二戰區史料 **第二戰區抗戰大事記**（1937-1939）
Historical Documents of the Second Theater in the Yan Hsi-shan's Residence
The Daily Records of the Second Theater in the Second Sino-Japanese War, 1937-1939

4月23日

二戰區

晉東我軍進展神速，連日克復和順、遼縣、襄垣等城。

我軍克復翼城。

綏遠我軍克復涼城。

國內

魯南敵增援兩師團，攻陷郯城。

4月24日

二戰區

榮河敵撤退運城。

我軍收復襄陵縣城。

國內

魯南我軍總攻臨棗支線及臨沂。

國際

捷蘇台黨領袖漢倫發表演說，要求蘇台區自治。

4月25日

二戰區

我軍收復黎城、東陽關。

綏敵攻陷安北縣城。

國內

魯南敵數萬向我右翼迂迴，邳縣吃緊。

皖渡淮北犯之敵被殲。

國際

德國開始反捷宣傳。

法內閣通過軍事外交與英合作

4 月 26 日

二戰區

我軍收復潞城。

綏遠我軍克復和林。

長治敵南犯陷高平。

國內

魯南郯城、邳縣以北展開血戰，敵我傷亡均重。

4 月 27 日

二戰區

我軍攻佔長治，殘敵沿白晉路南竄。

進攻歸綏城我軍迫至薩爾沁一間房（距綏城僅五、六十里）與敵展開激戰。

國內

魯南敵我在混戰中。

國際

法總理達拉第訪英。

4 月 28 日

二戰區

晉東敵集結五千餘，坦克車六十餘輛，由長治南犯。

122 | 閻錫山故居所藏第二戰區史料 **第二戰區抗戰大事記**（1937-1939）
Historical Documents of the Second Theater in the Yan Hsi-shan's Residence
The Daily Records of the Second Theater in the Second Sino-Japanese War, 1937-1939

國內

魯南我軍收復連防山。

4月29日
二戰區

我軍在三家店，襲擊由長治南犯之敵。

歸綏城附近敵我連日激戰，敵死傷千餘。

國內

武漢大空戰，我擊落敵機廿一架。

魯南我軍一度攻入郯城。

國際

英、法成立軍事、財政協定。

4月30日
二戰區

晉東我軍收復高平，晉西克復永和。

5月1日
二戰區

我軍猛攻中陽城，敵頑強抵抗，雙方傷亡均鉅。

晉東我軍收復晉城。

國內

魯南郯城西南仍在血戰中。

浙我軍大舉反攻，一度攻入孫家埠。

5月2日
二戰區

敵軍八百餘由離石向中陽增援，被我軍伏擊於金羅鎮，大部向龐家會竄去。

由長治南犯之敵，經我軍在郜村、李村一帶伏擊，傷亡頗重。

國內

魯南敵由臨棗南犯，我軍在鐵角山、望仙山一帶阻擊。

國際

希特勒率隨員多人，赴義報聘。

5月3日
二戰區

竄至龐家會之敵，經我襲擊，斃傷二百餘。

稷山縣城被我包圍。

增援晉南我軍由陝渡河。

124 | 閻錫山故居所藏第二戰區史料 **第二戰區抗戰大事記**（1937-1939）
Historical Documents of the Second Theater in the Yan Hsi-shan's Residence
The Daily Records of the Second Theater in the Second Sino-Japanese War, 1937-1939

國內

魯南我軍反攻，邳縣敵略向後退。

淮北敵向八達集進犯。

國際

德、義會談開始。

5月4日

二戰區

晉南我渡河部隊收復臨晉、猗氏縣城。

晉北我游擊部隊，襲克忻口，斃敵八十餘。

國內

魯南我軍包圍郯縣。

皖南我軍進攻宣城。

5月5日

二戰區

晉西我軍一度衝入離石，進圍中陽。

正太鐵路連日被我軍破壞，無法通行。

國內

魯南前線沉寂，臨棗支線東側較烈。

偽冀察保安司令楊振蘭通電反正。

5月6日

二戰區

晉南我渡河部隊，向臨、永間之張營鎮猛攻。

我軍在太谷之大白村附近游擊，斃傷敵大隊長以下

六百餘。

　　圍攻候馬我軍一度攻入堡內，敵向曲沃潰退。

　　綏遠安北敵東撤，我軍收復該縣城。

國內

　　魯南郯城西南敵總退卻。

　　皖北敵侵入巢縣、阜寧，淝水兩岸有激戰。

　　我外部向英提出照會聲明保留行動自由與權利。

國際

　　英、日擅訂關稅協定。

5月7日

二戰區

　　臨晉、永濟間戰事甚激，敵已逞不支現象。

國內

　　魯南敵向我右翼延展。

　　皖北敵以豫東歸德為目標向西北猛犯。

國際

　　德、義會談結果，義決支持德對捷政策。

5月8日

二戰區

　　晉南我軍向滎河進攻。

　　蒲縣敵千餘被我圍攻甚急。

國內

　　魯南敵勢稍挫，魯西濟寧一帶敵軍大增，有直趨金
鄉、歸德企圖。

126 閻錫山故居所藏第二戰區史料 **第二戰區抗戰大事記**（1937-1939）
Historical Documents of the Second Theater in the Yan Hsi-shan's Residence
The Daily Records of the Second Theater in the Second Sino-Japanese War, 1937-1939

5月9日
二戰區
中陽敵六百餘突圍北竄。

我軍攻克蒲縣，收復安邑。

芮城陌南鎮敵向北撤退。
國內
魯西濟寧新到敵援軍萬餘，向我長口猛犯未逞。

皖北蒙城縣被敵侵入

5月10日
二戰區
由中陽北竄之敵在橋子廟溝及貓港村遭我伏擊，幾盡被殲。

晉東敵經我月來之襲擊，傷亡逾千，分由東陽關，晉城東竄。
國內
魯西敵越嘉祥積極南犯。
國際
國聯行政院舉行公開會議，我顧代表痛斥日軍暴行。

5月11日
二戰區
永濟敵竄至吳王渡與我軍激戰。
國內
津浦線戰事轉入新階段，魯南、皖北敵向徐州會犯。

我空軍飛廣州轟炸敵艦。

敵機狂炸徐州，焚燬民房四十餘間。

敵犯閩廈門。

魯西鄆城失陷。

5 月 12 日

二戰區

晉南我軍圍攻永濟、曲沃縣城。

臨晉吳王渡之敵已肅清。

我軍在嶧縣南北，炸毀鐵道橋樑多座。

國內

魯西敵南犯與我軍在魚台北激戰。

廈門我軍轉移新陣地。

皖北蒙城敵北犯，侵入豫東永城縣，向歸德進迫。

5 月 13 日

二戰區

我軍收復萬泉縣城。

中條山我軍與安邑游擊隊會攻運城。

國內

魯西戰事以金鄉附近為最劇。

敵機百五十架分批襲徐州。

閩廈門激烈巷戰。

魯南我軍向西轉移。

128 | 閻錫山故居所藏第二戰區史料 **第二戰區抗戰大事記**（1937-1939）
Historical Documents of the Second Theater in the Yan Hsi-shan's Residence
The Daily Records of the Second Theater in the Second Sino-Japanese War, 1937-1939

5月14日

二戰區

我軍克復蒲縣後分向臨汾挺進。

圍攻中陽我軍佔領城周高地。

國內

皖北敵陷合肥。

魯西敵陷金鄉、魚台，迫碭山。

敵機五十餘架狂炸徐州，平民死傷六、七百。

國際

國聯行政院通過中日爭端決議案：對我英勇抗戰，
表示同情。

5月15日

二戰區

我軍克復榮河、汾城縣城。

運城被我包圍，東關附近有激戰。

國內

魯西情勢緊張，荷澤被敵侵入。

蘇北敵陷沛縣。

5月16日

二戰區

永濟風渡、韓陽鎮之敵向後撤退。

曲沃縣城及候馬車站一度被我軍衝入。

我軍在汾離公路之吳城伏擊，獲敵汽車五輛，步槍
五十餘支。

國內

魯西、豫東我軍迭挫敵鋒，碭山、考城，轉危為安。

閩我軍反攻廈門。

5 月 17 日

二戰區

晉南我軍攻據永濟之中條山一帶。

我軍圍攻新絳縣城。

國內

豫東我軍總攻，擊潰迴龍集、韓道口之敵，乘勝包圍永城。

國際

法、義恢復談判。

5 月 18 日

二戰區

我軍收復芮城。

國內

皖北我軍克復蒙城。

豫東敵竄至考城、內黃。

5 月 19 日

二戰區

晉南我軍圍攻永濟、運城。

國內

我軍放棄徐州，向豫西南轉移。隴海線蘭封、內黃

130 | 閻錫山故居所藏第二戰區史料 **第二戰區抗戰大事記**（1937-1939）
Historical Documents of the Second Theater in the Yan Hsi-shan's Residence
The Daily Records of the Second Theater in the Second Sino-Japanese War, 1937-1939

血戰。

5月20日

二戰區

我軍收復平陸、襄陵兩縣城。

候馬敵八百餘犯我馬家山，被擊退。

我軍猛攻虞鄉車站，殲敵百餘。

國內

我空軍遠征敵國，在九州各大城市，散發傳單。

豫東、魯西、皖北敵我混戰。

5月21日

二戰區

中條山敵經我壓迫，逐漸向北潰退。

運城敵據城頑抗，我軍正猛烈進攻。

候馬附近馬家山之敵，被我擊斃六百餘。

國內

豫東敵猛攻碭山。

河北我游擊隊猛攻保定。

德政府召還德籍在華軍事顧問。

5月22日

二戰區

我軍在靈石靳莊襲擊千餘之敵，激戰一晝夜，斃傷敵二百餘。

我軍攻佔東禹門，殘敵竄河津。

我軍繼續圍攻聞喜、候馬。

國內

徐州我軍安全撤至指定地點。李長官退潢川。

豫東我軍克復內黃、儀封等地。

國際

德、捷問題愈趨嚴重。

5 月 23 日

二戰區

我軍向虞鄉城進攻，在車站附近燒斃敵甚多。

綏遠包頭南之大樹灣，敵我有激戰。

運城敵反攻受創，閉城死守。

國內

開封東之羅王車站，經我軍反攻克復。

皖北之蒙城、合肥戰事激烈。

5 月 24 日

二戰區

圍攻新絳我軍，猛撲城垣。

安邑復陷敵手。

我軍在離石之李家山截獲敵給養汽車廿餘輛，斃敵押運兵二百餘。

國內

隴海東段，我軍連日猛攻，殲敵三、四千人。

豫東沿隴海線之碭山，被敵攻陷。

132 閻錫山故居所藏第二戰區史料 **第二戰區抗戰大事記**（1937-1939）
Historical Documents of the Second Theater in the Yan Hsi-shan's Residence
The Daily Records of the Second Theater in the Second Sino-Japanese War, 1937-1939

5 月 25 日

二戰區

敵由正太線、同蒲線向晉南積極增援。

我軍繼續向運城猛攻。

國內

豫東我軍總攻，黃河以南成混戰狀態。蘭封陷於
敵手。

5 月 26 日

二戰區

新絳一度被我軍衝入。

永濟之趙伊鎮被我克復。

國內

豫東我軍反攻蘭封，隴海線北，戰況劇烈。

碭山敵西進，猛攻歸德。

國際

日內閣局部改組，荒木貞夫任文相，宇垣任外相，
合海、陸、內三相共五人為軍人。

5 月 27 日

二戰區

自昨日起，敵四、五百向我金羅鎮猛衝三次，經我
軍擊退。

運城、候馬、新絳均在我軍圍攻中。

我軍在李家山（離石東）附近截擊增援離石敵汽車
及部隊，共斃敵二百餘，獲汽車廿餘輛。

國內

豫東我軍攻克蘭封及陳留口,敵攻歸德甚急。

皖北敵我爭奪合肥附近之大蜀山。

5 月 28 日

二戰區

平魯敵八百餘西犯,有圍攻河曲、偏關企圖。

由聞喜竄下白土之敵,被我圍擊,斃傷百餘。

永濟敵沿同蒲鐵道潰退。

國內

豫東我軍與爭奪王砦。歸德陷敵手。

敵機七十餘架,狂炸廣州市。

5 月 29 日

二戰區

平魯西犯敵與我軍在清水河東南之韭菜莊激戰。

風陵渡及永濟縣城,被我軍收復。

國內

豫東敵反攻蘭封,我軍竭力堵擊。

5 月 30 日

二戰區

清水河、韭菜莊附近,敵增至二千餘,向我反攻,
激戰甚烈。

虞鄉縣城,被我收復。

134　閻錫山故居所藏第二戰區史料 **第二戰區抗戰大事記**（1937-1939）
Historical Documents of the Second Theater in the Yan Hsi-shan's Residence
The Daily Records of the Second Theater in the Second Sino-Japanese War, 1937-1939

國內

　　豫東、皖北敵越商邱、亳縣西犯，歸德附近展開激戰。

國際

　　捷蘇台黨要求自治，並改組政府。

5月31日

二戰區

　　我軍連日圍攻曲沃、侯馬，斃敵千餘，我軍傷亡亦重。

　　解縣縣城被我收復。

　　新絳城周，戰事頗烈。

國內

　　武漢空戰，我擊落敵機十四架。

　　豫東敵由歸德分兩路西犯，開封城東有激戰。

6月1日
國內

開封東面，仍在激戰中。

河北省府改組，任鹿鍾麟為主席。

豫東我軍開始向豫西轉移。

6月2日
二戰區

侯馬敵千餘西犯，企圖解救新絳之圍，與我軍在東西高村激戰。

國內

豫東我軍在汴、蘭間之三義砦，斃敵甚多。

財部招開經濟會議。

6月3日
二戰區

我軍攻克稷山縣城，斃敵百餘。

圍攻新絳我軍，衝入東關。

國內

豫東敵侵入鹿邑，繼續西犯。

淮河兩岸，空前血戰。

6月4日
二戰區

敵聯合步隊三千餘人，分三路犯偏關。

臨汾、趙曲敵千餘南犯，向侯馬增援，被我軍截擊

136 | 閻錫山故居所藏第二戰區史料 **第二戰區抗戰大事記**（1937-1939）
Historical Documents of the Second Theater in the Yan Hsi-shan's Residence
The Daily Records of the Second Theater in the Second Sino-Japanese War, 1937-1939

於蒙城、曲沃間，戰況劇烈。

國內

豫東敵再度猛攻蘭封。

敵機狂炸廣州，死傷平民三千餘。

6月5日

二戰區

我軍總攻侯馬，與敵反復肉搏，奪回南關。

進犯偏關之敵，被我節節堵擊，傷亡頗重。

我軍開始圍攻臨汾。

國內

豫東敵猛攻開封。

敵機五十餘架，又炸廣州。

6月6日

二戰區

困守曲沃之敵圖北竄，被我軍在蒙城截擊，斃傷
三百餘。

偏關我軍轉移陣地，敵軍侵入縣城。

國內

開封我守軍奉令撤退中牟以東，展開血戰。

6月7日

二戰區

我軍連日圍攻侯馬，斃傷敵甚眾。

國內

豫東混戰，敵圖擾平漢線之新鄭未逞，中牟、尉氏失陷。

旬日以來，敵機不分晝夜，轟炸粵垣。

敵空軍轟豫東黃河邊。

6 月 8 日
二戰區

圍攻臨汾我軍克復城周附近各村莊。

國內

由開封竄擾平漢線之敵，在長葛等地被擊退。

開封西趙口附近黃河堤被炸潰決。河水經中牟、尉氏，沿賈魯河南氾。

6 月 9 日
二戰區

我圍攻運城步隊，一度衝入城內，與敵發生巷戰。

國內

長江敵艦西犯，一部在大通登陸，被我悉數殲滅。

河水續向東南氾濫，豫東成澤國。

國際

敵拒絕英、美開放長江之要求。

6 月 10 日
二戰區

偏關以北之敵，經我一晝夜之血戰，向東北潰退。

138 閻錫山故居所藏第二戰區史料 **第二戰區抗戰大事記**（1937-1939）
Historical Documents of the Second Theater in the Yan Hsi-shan's Residence
The Daily Records of the Second Theater in the Second Sino-Japanese War, 1937-1939

第二戰區民族革命戰爭戰地動員委員會第一次各縣代表大會在岢嵐開幕。

國內

中牟敵向後撤退，豫東成澤國。

6月11日

二戰區

我軍總攻侯馬，一度衝入堡內。

偏關敵獲援反攻，復與我展開激戰。

我軍攻佔聞喜東、西、北三關。

國內

豫東敵一部犯新鄭，被擊退。

國府明令自本年七月一日起，實行軍事徵用法。

6月12日

二戰區

敵向晉南，積極增援，正太、同蒲我游擊隊，加緊破壞路軌。

圍攻臨汾我軍夜襲堯廟機場。

晉西敵犯柳林被擊退。

國內

長江敵艦雲集，一部在安慶登陸。

6月13日

二戰區

石離、中陽之敵換防，被我軍在金羅鎮截擊斃敵

二百餘。

國內

　　安慶我軍與敵激戰一晝夜後，轉移新陣地。

6 月 14 日

國內

　　安慶對岸，激戰甚烈。

　　陝、鄂省府改組，蔣鼎文、陳誠分任主席。

6 月 15 日

國內

　　皖我軍肅清安慶對岸之敵。

6 月 16 日

二戰區

　　我軍收察南之陽原縣城。同時擊潰由蔚縣暖泉北犯之敵五百餘。

　　運城敵五、六百突圍，被我堵擊於南北李村。

國內

　　皖北敵向六安進犯。

　　蔣委員長為組織三民主義青年團，發表告全國青年書。

　　國府發表國民參政會參政員之名單。

　　軍委會任陳誠為第九戰區司令長官負責保衛武漢。

140 | 閻錫山故居所藏第二戰區史料 **第二戰區抗戰大事記**（1937-1939）
Historical Documents of the Second Theater in the Yan Hsi-shan's Residence
The Daily Records of the Second Theater in the Second Sino-Japanese War, 1937-1939

6月17日

二戰區

運城附近南北李村之敵被我擊潰。

國內

豫東阻於黃水以西之敵，被殲大半。

6月18日

二戰區

運城敵五百餘企圖突圍北竄，被我擊退。

敵連日由正太路運至太原者約兩萬，增援臨汾者約四、五千，往汾陽者約三、四千。

我軍總攻臨汾，一部衝入堯廟機場，與敵激戰。

國內

豫東、豫北敵陸續調去，豫局安定。

皖潛山縣城失守，敵沿潛太公路西犯。

敵艦八艘駛達馬石磯。

6月19日

二戰區

曲沃、蒙城、高顯鎮一帶增敵千餘。

我軍襲擊臨汾車站。

侯馬之敵，被我圍攻，連日激戰甚烈。

孝義敵三百餘出往城西之趙家莊搶掠，被我伏擊，斃傷七十餘名。

國內

敵在荻港登陸。

我機飛安慶附近轟炸敵艦。

國際

義外長與英大使討論實施英義協定。

6 月 20 日

二戰區

我軍用坑道攻擊法，衝入聞喜縣城，因後援不繼，斃敵數十復退去。

國內

我軍向潛山反攻。

我軍反攻荻港登陸之敵，血戰竟夜。

國際

英、美要求日本開放長江，允外輪駛至南京。

6 月 21 日

國內

長江敵艦八艘上駛達至馬當以東五十里之烏石磯附近。

6 月 22 日

二戰區

我軍進攻臨汾甚烈。

聞喜城仍被我包圍攻擊。

國內

豫中牟、尉氏兩城，相繼被我收復。

142 | 閻錫山故居所藏第二戰區史料 **第二戰區抗戰大事記**（1937-1939）
Historical Documents of the Second Theater in the Yan Hsi-shan's Residence
The Daily Records of the Second Theater in the Second Sino-Japanese War, 1937-1939

6月23日

二戰區

　　曲沃、侯馬均被我圍攻。侯馬敵增加二千餘。

　　敵千餘進擾蒲、隰間之干城鎮，被我迎擊，傷亡甚重。

　　晉北應縣、懷仁間之汽路橋樑，多被我破壞。

國內

　　魯諸城被我克復。

　　長江敵海陸空會攻馬當。

國際

　　日威脅我海南島，英、法甚注意。

6月24日

二戰區

　　敵軍南下增援，有由風陵渡、河津、禹門三處西進模樣。

國內

　　日艦十八艘進擾海南島。

　　馬當附近展開劇戰。

6月25日

二戰區

　　曲沃、新絳、運城殘敵被我大軍包圍。

國內

　　安慶失陷，市區大火。

　　長江南岸戰況激烈，我軍收復香口。

日艦集中海南島。

國際

蘇外長李維諾夫說明現行外交政策，抨擊日、德侵
略國。

6 月 26 日

二戰區

曲沃、新絳之敵均閉城堅守，無激戰。

敵在山西組織偽省公署，由蘇逆體仁任偽省長。

國內

新鄉敵增加一萬四千餘人，道清路西段戰事轉劇。

沿江要塞馬當失守。

6 月 27 日

二戰區

敵向晉南增兵兩師團，有渡河西犯企圖。

國內

我軍在香山殲敵二千餘。

國際

英相張伯倫宣稱英將調停西國內戰。

6 月 28 日

二戰區

史村敵有渡汾河模樣。

臨汾、新絳、河津敵我仍在對峙中。

博愛敵一部侵入垣曲境。

144 閻錫山故居所藏第二戰區史料 **第二戰區抗戰大事記**（1937-1939）
Historical Documents of the Second Theater in the Yan Hsi-shan's Residence
The Daily Records of the Second Theater in the Second Sino-Japanese War, 1937-1939

國內

我爭奪馬當陣地，戰況甚烈。

6月29日

二戰區

增援晉南之敵千餘名，被我阻擊於蒙城。

閻司令長官電各行政專員籌設民革中小學。

圍攻侯馬之戰仍甚烈。

國內

馬當附近之敵，被我圍攻受創甚重。

敵決我運河大堤，蘇各縣成澤國。

國際

東京狂風暴雨，被災之房共十萬二千所。

英外次在下院宣佈絕對否認任何偽組織。

6月30日

二戰區

晉南敵軍雖增，戰局仍穩定。

我軍夜襲臨汾西關，敵退入城內。

豫北敵軍二千餘侵入晉城。

國內

長江敵續犯彭澤。

國際

英、美、法三國在倫敦簽訂海軍補充條約。（主力
艦提高至四萬五千噸）

7月1日

二戰區

圍攻聞喜我軍，以坑道再度猛攻，將城垣毀破一缺口，斃敵數十人。

進犯垣曲之敵約三千餘人，被我阻於蒲掌，敵機廿餘架助戰，施放燒夷彈及毒彈，戰況至烈。

閻司令長官在吉縣古賢村召集高級將領會議。

離石敵千餘分犯交口及胡家焉、西合村，均被我擊退。

國內

侵入彭澤東娘娘廟之敵，經我猛攻，死傷頗多。

潛太公路附近之王家牌樓一帶，我軍連克高地數處。

國際

德波經濟協定已正式簽字。

7月2日

二戰區

垣曲東我軍順利進展，兩日內共殲敵六、七百人，獲戰利品甚多。

晉城敵續增千餘，一部向西推進。

包頭近塔蒙偽軍數千，有進犯五、臨企圖。

國內

彭澤失守。

閻錫山故居所藏第二戰區史料 **第二戰區抗戰大事記**（1937-1939）
Historical Documents of the Second Theater in the Yan Hsi-shan's Residence
The Daily Records of the Second Theater in the Second Sino-Japanese War, 1937-1939

7月3日

二戰區

我軍收復安邑。

犯封門口（垣曲）敵，在隘路一役，死傷千餘名，敵將井上有陣亡說。

晉城西犯之敵，陷陽城縣城。

垣曲邊境敵軍中伏，被我生俘二百餘名。

國內

侵入彭澤城內之敵，被我嚴密包圍。

7月4日

二戰區

臨汾敵七百餘渡河西犯，被我擊潰。

垣曲東敵犯我南羊圈陣地，被我擊退，死亡七、八百名。

晉城敵增至四、五千人，繼續西犯，已達沁水。

曲沃敵三、四千，集中砲火，並使用毒瓦斯，向我秦岡鎮猛攻，刻正在激戰中。

國內

敵再度犯馬鞍山被擊退。

敵機二十七架空襲南昌，被我機擊落多架。

7月5日

二戰區

垣曲東敵屢攻南羊圈，施放重量瓦斯彈，迄未得逞。

陽城敵二千餘返晉城，經我軍在晉城西北之下匠村

伏擊，斃傷敵百餘名。

　　沁水縣城，被敵侵入。

國內

　　德籍軍事顧問福根霍森等二十餘人離漢返國。

　　湖口失守。

國際

　　法、土簽訂友好條約。

7 月 6 日

二戰區

　　垣曲東敵仍在南羊圈與我相持。

　　平遙我游擊隊在香樂村，伏擊敵火車，焚燬火車一列，俘敵十六名。

　　曲沃、候馬之敵，新獲援軍三、四千人，本晨攜大砲三、四十門傾巢反攻，向我南林教、任莊、東西陽村、上下裴莊一帶猛轟，我陣地悉成焦土，迄晚猶在混戰中。

國內

　　彭澤縣城以南黃土山之敵，被擊斃八百餘。

　　第一屆國民參政會在漢開幕。

7 月 7 日

二戰區

　　山西各界在興集舉行抗戰建國紀念會，及獻金活動。

　　我賀師本晚強襲偏關北水泉堡，遇敵南北援軍趕至，雙方激戰至烈，敵傷亡極重，我陣亡營長一員、士

148　閻錫山故居所藏第二戰區史料 **第二戰區抗戰大事記**（1937-1939）
Historical Documents of the Second Theater in the Yan Hsi-shan's Residence
The Daily Records of the Second Theater in the Second Sino-Japanese War, 1937-1939

兵百餘。

史村敵三百餘渡汾河犯湖里，被我擊斃五十餘。

國內

蔣委員長發表：

抗戰週年紀念告世界友邦書。

告日本國民書。

告全國軍民書。

我反攻湖口獲勝，斃敵二、三千人。

7月8日

二戰區

聞喜被我克復。

我軍襲擊南樊鎮（翼城南卅五里）斃敵十餘名，焚毀彈藥糧秣甚多。

國內

我空軍五次出動轟炸安慶、蕪湖機場及停泊江面之敵艦。

7月9日

二戰區

曲沃敵突圍南犯，在絳縣南之陳家村及西冷口等處被我擊退。

我對垣曲東蒲掌之敵總攻。

沁水敵千餘西犯與曲沃敵會合後，更向絳縣西南地區前進，正與我軍對戰中。

國內

彭、湖間敵聯絡被切斷。

7月10日
二戰區

我一度克復陽城，斃敵五百餘，毀敵汽車三十餘輛。

國內

犯彭澤、湖口之敵，在湖口西南瀾泥渡被我擊斃六百餘。

我空軍三次轟炸東流、彭澤間之敵艦。

7月11日
二戰區

我軍在離石東九里灣游擊，遇敵百餘，激戰半日，共斃傷敵五十餘，毀敵汽車二輛。

敵軍四、五百名侵入萬泉縣城。

敵機十五架分四次狂炸垣曲，投燒夷彈至多，全城盡成焦土。

臨汾敵八百餘由澗頭強渡西犯，我軍正在迎頭痛擊中。

國內

敵艦十餘隻，越湖口西犯。

7月12日
二戰區

我軍在晉城西北地帶，向敵施行攻擊。

150 | 閻錫山故居所藏第二戰區史料 **第二戰區抗戰大事記**（1937-1939）
Historical Documents of the Second Theater in the Yan Hsi-shan's Residence
The Daily Records of the Second Theater in the Second Sino-Japanese War, 1937-1939

垣曲以東之敵與我激戰數日，勢漸不支。

翼城敵三百餘附小砲坦克車及汽車四十餘輛，被我在衛村截擊，死百餘人，焚毀汽車十五輛。

臨汾渡河西犯之敵經我痛擊，仍退回城內。

敵約百餘向我段家堡（吉縣東）進犯，被我擊斃九十餘。

國內

湖口我軍獲勝克復黃山陣地。

敵機狂炸武昌，投彈一百二十餘枚，死傷民眾七、八百人。

7月13日

二戰區

運城敵千餘進犯王峪口，與我軍激戰正烈。

我軍放棄垣曲縣城。

國內

潛山方面，我獲大勝，敵死傷千餘人。

7月14日

二戰區

陽城敵向晉城、清化潰退。

我游擊隊在隰縣、吳城一帶斃敵百餘。

國內

我軍進攻彭澤，頗有斬獲。

7月15日

二戰區

沁水敵千餘向翼城進犯。

我騎兵隊在忻、崞二縣邊境，連日斃敵百餘。

安運之敵增至二、三千人，續向王峪口、吳家嘴、風口一帶猛攻，王峪口、張店相繼失守。

由萬泉、聞喜南犯之敵六、七百人，攻陷猗氏縣城。

國內

敵艦艇駛鄱陽湖口，被我軍擊退。

彭澤、湖口戰役，敵死傷近萬。

國民參政會休會發表宣言，擁護抗戰到底之國策。

7月16日

二戰區

由濟源、聞喜兩面進攻垣曲之敵，均被我擊退。

聞喜敵一股越萬泉西犯。

王峪口附近之敵，約千餘人，今晨侵入夏縣城。

國內

湖口江面敵艦汽艇百餘隻，在我空軍沿江砲台嚴密控制下難於活動。

我空軍轟炸望江華陽鎮敵艦。

7月17日

二戰區

由沁水西犯翼城之敵，與我在翼城縣城巷戰。

垣曲我軍三路猛攻，敵向絳縣退卻，縣城被我收復。

152 | 閻錫山故居所藏第二戰區史料 **第二戰區抗戰大事記**（1937-1939）
Historical Documents of the Second Theater in the Yan Hsi-shan's Residence
The Daily Records of the Second Theater in the Second Sino-Japanese War, 1937-1939

國內

我軍向彭澤、湖口間之敵猛攻。

7月18日

二戰區

垣曲我軍分途追擊，敵狼狽潰退。

國際

日、蘇在蘇滿邊境之糾紛日趨嚴重，大批蘇軍開張鼓峯增防。

7月19日

二戰區

垣曲北面之王茅主村鎮被我軍收復。

國內

湖口附近各據點，均被我軍佔領。

我機飛湖口掃蕩敵艦。

國際

日、蘇邊境交涉決裂，日憲兵一名被蘇軍開槍擊斃。

7月20日

二戰區

我軍在霍縣南北對敵開始掃蕩，並將附近鐵道拆毀十餘公里。

夏縣南王峪口，我敵正激戰。

猗氏敵六、七百人，進犯嵋陽鎮，經我守軍猛烈抵抗，激戰終日，雙方各死傷三百餘，餘敵向東退去。

國內

　　彭澤東南高地，被我完全佔領。

　　我收復桐城，截斷合肥、安慶敵之聯絡。

國際

　　日陸相召集重要會議討論蘇偽邊境事件。

7 月 21 日

二戰區

　　我軍一度攻入翼城北關，巷戰至烈，奪獲敵大砲二十門、汽車六十餘輛。

　　我攻中陽部隊佔領城西門外碉堡。

國際

　　張鼓峯附近蘇軍趕築工事。

　　英王后訪法。

7 月 22 日

二戰區

　　平陸東北張店之敵，被我猛烈襲擊。

　　由聞喜開赴夏縣之敵約三、四百人，經過偃掌鎮，被我襲擊，死亡百餘，燬汽車十一輛。

國內

　　湖口敵增加六、七千人，戰車百餘輛。

　　敵艦十八艘圍攻南澳。

國際

　　蘇偽邊境馬蘇里附近雙方一度衝突。

　　英王后返倫敦。

閻錫山故居所藏第二戰區史料 **第二戰區抗戰大事記**（1937-1939）
Historical Documents of the Second Theater in the Yan Hsi-shan's Residence
The Daily Records of the Second Theater in the Second Sino-Japanese War, 1937-1939

7月23日

二戰區

敵我在夏縣西南大台村至下潬底之線激戰，敵放射大量毒砲彈。

橫嶺關退竄之敵騎數百，經我截擊，斃敵六十餘。

國內

敵軍約七百餘人，在九江附近之姑塘湖岸登陸。

國際

日外務省發表聲明謂蘇侵佔張鼓峯為挑釁之行動。

7月24日

二戰區

垣曲敵繼北潰，我收復皋落鎮。

國內

敵大部在九江、星子間之姑塘登陸，經我軍苦戰，予敵重創。

國際

蘇偽邊境發生新事件兩起，形勢緊張。

7月25日

二戰區

敵犯平陸被我擊退。

綏敵紛紛東調。歸化、包頭僅餘少數憲兵及偽軍。

國內

敵機狂炸九江、東大王廟一帶，沿江村落，大半被毀。

敵艦十三艘駛九江江面，向岸砲擊。

廬山山背發生激戰。

7 月 26 日
二戰區
我軍克復絳縣。

解縣敵被擊退，敵死亡二百餘。

垣曲殘敵向平漢路退去，附近八十里內無敵踪。

國內
敵陷九江，惟廬山陣線仍穩固。

蔣委員長通電全國整飭綱紀，厲行節約。

國際
日軍派駐蘇境之二代表被釋回。

7 月 27 日
二戰區
我軍攻臨汾頗得手。

中陽、離石敵在我圍攻中。

國內
九江到處起火，我主力向西南轉移。

我再度克復濟源。

南澳我軍退據隆澳西方高地。

國際
蘇、偽邊境張鼓峯事件，就地解決已絕望。

156 | 閻錫山故居所藏第二戰區史料 **第二戰區抗戰大事記**（1937-1939）
Historical Documents of the Second Theater in the Yan Hsi-shan's Residence
The Daily Records of the Second Theater in the Second Sino-Japanese War, 1937-1939

7月28日

二戰區

蒙城敵三百餘，在曲沃曲村附近，經我襲擊，傷亡頗重。

猗氏敵三百向河津移動。

我軍猛攻中陽縣城。

國內

彭澤、湖口間我全線反攻，激戰甚烈。

我反攻九江頗得手。

潛太線敵獲援後戰事轉激。

國際

英上院辯論外交問題，主張對日採取強硬行動。

7月29日

二戰區

橫嶺關我斷敵歸路，斃敵數百，獲大砲二十二門，騾馬百五十餘匹，毀汽車八十餘輛，砲彈二千發。

臨汾敵四千餘，企圖強渡汾河，被我襲擊，退入城內。

敵軍二千餘，由沁水西犯，被包圍於五寨鎮及東西郎嶺，正在殲滅中。

國內

我收復彭澤、湖口間各重要據點。

國際

法內閣決議增設國防部。

7月30日

二戰區

我便衣隊在晉城下匠村公路兩側，襲敵，斃敵百餘。

我克復晉城、陽城、沁水三縣城。

國內

匡廬山前敵我酣戰。

國際

蘇軍與日偽軍在張鼓峯北半英里之地點，發生衝突。

7月31日

二戰區

臨汾、運城間有敵萬餘，正沿絳垣公路南犯，被我擊潰。

由運城開出敵步騎約千餘名，附砲十餘門，向中條山進犯。

猗氏牛犢鎮敵千餘，有傾巢西犯臨晉吳王渡企圖，正在眉陽鎮附近與我對抗。

國內

江南敵被我阻擊，改向太湖進犯。

國際

蘇軍反攻張鼓峯。

158 | 閻錫山故居所藏第二戰區史料 **第二戰區抗戰大事記**（1937-1939）
Historical Documents of the Second Theater in the Yan Hsi-shan's Residence
The Daily Records of the Second Theater in the Second Sino-Japanese War, 1937-1939

8月1日

二戰區

新絳敵五百餘被我襲擊，頗有死傷。

我軍收復聞喜各隘口，殘敵向夏縣潰退。

夏縣大楊村之敵五百餘，被我襲擊，死二百餘，我獲汽車十餘輛，戰馬四十餘匹。

國內

紗帽山一帶我敵正激戰。

敵向宿松進犯。

國際

蘇空軍開始飛張鼓峯投彈。

8月2日

二戰區

沁水東西鄔嶺被我圍擊之敵，經五晝夜血戰，大部被殲，敵死亡一千五百餘，我奪獲汽車六十餘輛。

夏縣敵竄聞喜，縣城被我克復。

我軍在文水馬村汽路旁襲擊，斃敵七、八十名。

國內

紗帽山之敵被我襲擊，傷亡重大，向九江退卻。

我放棄宿松，固守二郎湖一帶山地。

敵計畫突破南潯路之企圖，經我在西沙河堵擊，雙方傷亡均在千名以上。

國際

蘇聯兩度進攻張鼓峯，飛機十五架助戰。

8月3日
二戰區

離石敵經我連日猛攻，死傷慘重，晚退竄中陽，我克復離石城。

晉南安邑、運城之敵川岸師團有西犯黃河企圖。

晉北我軍晚襲擊馬邑東北之榆林車站，殲敵六、七十名。

國內

江南敵我仍在原陣地對峙，戰況沉寂。

敵機六十八架犯武漢，被我擊落十二架。

我軍放棄黃梅。

國際

蘇軍大舉東進哈桑湖附近賡續作戰。

8月4日
二戰區

我軍夜襲張店之敵，頗有斬獲。

敵川岸師團千餘人，犯我聞喜東南，激戰兩晝夜，斃敵五、六百，我官兵傷亡二百餘。

國內

汪、孔由漢飛渝。

九江敵向沙河進犯，戰況甚烈。

國際

蘇軍砲擊朝鮮高城。

160 | 閻錫山故居所藏第二戰區史料 **第二戰區抗戰大事記**（1937-1939）
Historical Documents of the Second Theater in the Yan Hsi-shan's Residence
The Daily Records of the Second Theater in the Second Sino-Japanese War, 1937-1939

8月5日

二戰區

解縣敵二百餘，向城西北許賈村等處進犯，與我發生遭遇戰，仍潰退城內。

二戰區政治部何副之任紹南宣誓就職。

我襲擊忻縣北關，斃敵三十餘名。

國內

南潯路竟日激戰，我右翼被突破，老虎山陷於敵手。

國際

蘇機十七架分批轟炸日陣地。

8月6日

二戰區

猗氏敵五、六百，進犯臨晉，與我在上朝村、令狐村一帶相持。

國內

我軍反攻黃梅，斃敵甚多，敵遺屍四千餘具。

國際

蘇軍對張鼓峯附近日軍下令總攻，戰況激烈。

8月7日

國內

江北我收復黃梅西北之獅子山。

南潯左翼血戰，我放棄陣地數處。

國際

蘇、偽邊境展開陣地戰。

8 月 8 日

二戰區

我軍在河津通化鎮擊潰由萬泉北竄之敵。

猗氏牛杜鎮敵二千餘向眉陽鎮進犯。

國內

九江敵由賽湖向瑞昌活動。

黃梅、宿松激戰。

國際

蘇遠東總司令加倫抵雙子墅,指揮軍事。

8 月 9 日

二戰區

我軍在中陽、離石之東山小路伏擊,斃敵二十餘。

侵入眉陽鎮之敵分三路西犯臨晉,本日晚縣城被陷。

國內

敵進犯沙河,被我擊退,總計九江沙河戰役,敵被擊斃者,約二萬餘。

國際

張鼓峯戰事擴大,蘇軍進攻水流峯。

8 月 10 日

二戰區

由土地廟北竄曲村之敵,被我進擊,退竄運城。

侵入臨晉敵繼續西犯,佔領吳王渡。

國內

宿黃一帶敵陷困境。

閻錫山故居所藏第二戰區史料 **第二戰區抗戰大事記**（1937-1939）
Historical Documents of the Second Theater in the Yan Hsi-shan's Residence
The Daily Records of the Second Theater in the Second Sino-Japanese War, 1937-1939

沙河附近敵被擊退，廬山、牯嶺仍在我手。

國際

蘇、日在莫斯科進行談判。

8月11日

二戰區

聞喜敵步兵千餘乘汽車百輛附砲十餘門，向運城方面開拔。

國內

敵機七十二架濫炸武漢，投彈二百餘，民眾死傷六百餘。

敵在九江西港口鎮偷渡登陸。

國際

蘇日協定成立，雙方於午十二時正式休戰。

8月12日

二戰區

張店敵二千餘人竄往運城。

敵繼續增援橫水鎮。

國內

宿黃一帶仍在激戰。

敵沿通瑞昌之公路，向西南竄擾，在丁家山與我發生爭奪戰。

8 月 13 日

二戰區

晉南敵三千餘人，由運城分四路南犯平陸、茅津。

河津敵新增出兵八百餘名，騎兵三百餘，砲十門，隨帶渡河材料，企圖偷渡汾河。

國內

南潯路正面戰況沉寂，港口方面敵軍愈增。

石友三部一度佔領濟南城。

8 月 14 日

二戰區

由運城分四路犯平陸、茅津之敵，被我擊潰。

臨汾敵大部北開。

綏東敵我激戰。

國內

江南北戰事沉寂。

8 月 15 日

二戰區

由沁水西竄之敵，約五千餘人，遭我到處襲擊，傷亡殆盡。

朔縣敵集中步騎千餘、裝甲車二十餘輛、飛機五架，有西犯模樣。

我克復絳縣。

國內

瑞昌城北馬鞍山之敵，被我襲擊已敗退。

164 閻錫山故居所藏第二戰區史料 **第二戰區抗戰大事記**（1937-1939）
Historical Documents of the Second Theater in the Yan Hsi-shan's Residence
The Daily Records of the Second Theater in the Second Sino-Japanese War, 1937-1939

國際

德舉行大規模之秋操，除正規軍外並有預備兵七十五萬人參加。

8月16日

二戰區

晉西南攻陷臨晉之敵，續向永濟進犯。

國內

港口登陸之敵已增至二、三千人，現與我軍在丁家山一帶激戰。

8月17日

二戰區

由臨晉向西南進犯之敵，陷永濟縣城。

孝義竄出之敵約八百餘人與我決死隊激戰。

國內

南潯北段戰況沉寂。

賽湖北岸陳家坪有激戰。

8月18日

二戰區

汾陽敵增敵三、四千人。

綏敵二千集中薩縣黃河渡口，有渡河進犯準格爾旗及河曲企圖。

國際

英駐日大使克萊琪與日外相宇垣會談。

8 月 19 日

二戰區

絳縣之敵已肅清。

敵我在永濟萬古寺一帶激戰，肉搏五、六次，我張營全營殉難。

國內

江南無變化，江北敵運載頗繁，將有大戰。

8 月 20 日

二戰區

虞鄉南之南寨子附近敵千餘與我激戰。

國內

鄱陽湖北都昌發生激戰。

國際

捷政府與日耳曼蘇台黨談判。

我駐英大使向英外部詢問英、日談判情形，並聲明任何違約協定，全部反對。

8 月 21 日

國內

平漢路我游擊隊進抵石家莊。

瑞昌城北激戰，丁家山又陷敵手。

8 月 22 日

二戰區

永濟南韓陽鎮、辛店一帶敵我仍在相持中。

166 閻錫山故居所藏第二戰區史料 **第二戰區抗戰大事記**（1937-1939）
Historical Documents of the Second Theater in the Yan Hsi-shan's Residence
The Daily Records of the Second Theater in the Second Sino-Japanese War, 1937-1939

離石敵向我進攻，被擊潰，遺屍百餘具。

國內

敵援軍續到湖口者約二萬餘人，有窺襲德安企圖。

瑞昌東我敵隔水相持。

8月23日

二戰區

我克復兌九鎮，斃敵四、五百名，殘敵竄汾、孝。

橫嶺關敵近日增加二千餘，正與我血戰中。

國內

星子城西進行爭奪戰，斃敵千餘人。

宿黃敵後退。

南潯線正面我軍猛攻，敵放毒瓦斯。

8月24日

二戰區

崞縣、忻縣之敵連日調度甚頻。

綏遠我軍圍攻固陽縣，將敵擊潰。

芮城縣被我克復。

風陵渡北趙村發現敵便衣隊。

國內

星子以西，敵我在牛頭山對峙。

星子以南，敵在牛尾墩、楊五廟等處登陸，但多被我殲滅。

中航機桂林號被敵機追擊，降落中山海面，徐新六等遇難。

8月25日

二戰區

横嶺關、冷口一帶之敵已分別被我包圍。

由陌南北退廿里嶺之敵約五百人，經我襲擊，死傷頗眾。

國內

敵全力進攻瑞昌，經激戰後，我軍放棄該城。

黃梅附近連日我砲兵甚顯神威。

國際

匈攝政霍爾第訪柏林，希特勒盛大招待。

8月26日

二戰區

晉南敵總攻企圖由永濟及風陵渡渡河。

離石、中陽敵聯合向我胡家焉至化龍咀進犯，被我擊斃四百餘。

國內

冀東我游擊隊連日活躍，敵調數聯隊迎戰。

瑞昌附近蠟燭尖敵我正激戰。

六合公路之敵已達到方安以西三十公里之橫大路。

8月27日

二戰區

永濟敵主力三千人猛攻辛店未逞，被我擊斃五、六百人。

168 | 閻錫山故居所藏第二戰區史料 **第二戰區抗戰大事記**（1937-1939）
Historical Documents of the Second Theater in the Yan Hsi-shan's Residence
The Daily Records of the Second Theater in the Second Sino-Japanese War, 1937-1939

國內

蔣委員長向路透社英記者談話否認外傳之義國調停中日戰爭說。

我向潛山、太湖之敵施行總攻，收復兩縣城。

南潯路正面激戰，德安縣被炸甚慘。

8 月 28 日

二戰區

永濟南犯之敵陷風陵渡與我隔河砲戰。

綏遠大樹灣附近敵偽軍一連被我人民裝自衛隊擊潰。

國內

南潯路激戰甚烈，敵我仍在沙河至黃老門之線對峙。

我反攻瑞昌。

8 月 29 日

二戰區

風陵渡敵與我隔河對峙。

安邑、運城之敵續向虞鄉增加。

國內

敵機四十八架分批襲武漢。

磨山血戰，敵死傷一千五百餘。

我游擊隊三路會攻徐州。

國際

捷克問題嚴重，德威權方面宣稱，將採積極行動。

8月30日

二戰區

　　風陵渡敵二百餘人，駕小船二十餘，向南岸偷渡，被我擊退。

　　我軍襲擊陽明堡附近之敵偽軍李守信部，繳獲輕機槍八挺，步槍甚多。

國內

　　黃梅被我三面包圍。

　　南潯路正面無激戰，惟西翼玉筋山東孤嶺一帶戰況頗烈。

國際

　　希特勒視察凱爾防務。

8月31日

二戰區

　　臨晉吳王渡之敵六百餘人，向永濟中條山附近竄擾。

　　中陽、離石之敵約千七百餘人，附砲七門由劉溝、金羅莊向我化龍陣地猛犯，我奮勇應戰，斃敵二百餘。

國內

　　我反攻瑞昌西南高地極得手。

　　黃梅西北爭奪極烈，敵又增調援軍。

　　侵入六安之敵繼續西犯，偷渡界河。

國際

　　英向德發出聲明，關於捷克問題決援法國。

170 | 閻錫山故居所藏第二戰區史料 **第二戰區抗戰大事記**（1937-1939）
Historical Documents of the Second Theater in the Yan Hsi-shan's Residence
The Daily Records of the Second Theater in the Second Sino-Japanese War, 1937-1939

9月1日

二戰區

風陵渡敵遭我南岸砲擊，大部向焦爐村、六合村撤退。

國內

我軍收復瑞昌西之大尖山，敵死傷達四千人。

9月2日

二戰區

風陵渡敵遭我各部隊在側後猛襲，受創甚鉅，逐漸向東轉移。

離石敵二百餘犯我王家坡陣地，被我擊退。

國內

南潯線敵對我左右兩翼反攻，施放大量毒氣，並以飛機數十架助戰，戰況甚烈。

黃梅敵增至步兵六聯隊、砲兵一聯隊、戰車卅餘輛，江北大戰在即。

國際

捷蘇台黨領袖漢倫與希特勒舉行談話。

9月3日

二戰區

敵便衣隊五百餘攻我風陵渡東之永樂鎮陣地，被我斃俘二百餘名。

綏遠我軍克復陶林俘敵偽軍百餘，斃傷敵二百餘。

國內

我軍反攻克復瑞昌、德安間之岷山。

南潯線敵全力進攻與我發生劇戰，同時星子方面敵進犯亦烈。

合肥至桃溪鎮有敵二萬餘，由六安西犯之敵五、六千與我在楊柳店對峙。

9月4日

二戰區

風陵渡敵大部撤退虞鄉。

由安邑開張店之敵約五百人，被我截擊於東郭鎮，死傷百餘人。

離石敵二千，向大武北犯，企圖攻奪柳林、軍渡。

國內

敵我在瑞昌西郊郎君山激戰。

敵沿德星公路衝犯，我軍扼守在西菰嶺。

黃梅敵我在雙城血戰。

9月5日

二戰區

風陵渡無敵踪。

國內

大江南北戰況激烈，我連克要地。

歐亞機一架在粵、桂交界處被敵驅逐機三架襲擊，油箱中彈，落於柳州。

172 | 閻錫山故居所藏第二戰區史料 **第二戰區抗戰大事記**（1937-1939）
Historical Documents of the Second Theater in the Yan Hsi-shan's Residence
The Daily Records of the Second Theater in the Second Sino-Japanese War, 1937-1939

國際

羅馬尼亞負責人發表聲明，捷克問題若引起戰爭，羅決與英、法一致。

9月6日

二戰區

風陵渡以東之敵，經我軍渡河側擊，予敵重創。

我向解縣南廿里嶺之敵進攻，敵傷亡百餘，向東竄去。

我軍攻入介休車站，縱火焚燬敵之彈藥、糧秣堆棧。

國內

瑞馬公路之敵向我戡山岩進犯被擊退。

敵向固始進犯，我正分路迎擊。

國際

法後備兵奉令入伍，在萊因河邊境佈防。

9月7日

二戰區

敵軍在風陵渡北被我包圍痛擊，殲滅大半。

■■■犯之敵，被我迎擊於孫家山一帶。

國內

瑞昌西北郊地展開空前血戰。

我軍退出廣濟縣城。

國際

英海軍舉行秋季大操，地址在蘇格蘭東海岸。

9月8日

二戰區

我軍克復風陵渡、田村、焦爐等處。

應援橫嶺關之敵七、八百，被我伏擊於東岢、寺村，死傷逾百，仍竄回橫水鎮。

國內

我軍收復廣濟城，獲敵大砲四十餘門及其他戰利品甚多，為台兒莊戰後之唯一勝利殲敵戰。

固始方面發生混戰。

東西菰嶺敵我在激戰中。

國際

德國國社黨大會在紐倫堡開幕。

9月9日

二戰區

陌南鎮之敵正在被我圍殲中。

由橫水鎮竄南之敵六、七百被我腰擊潰退。

離石北犯之敵分兩股侵入大武鎮。

河津敵一部侵入稷山縣城與我守軍發生巷戰。

國內

廣濟方面我軍連克敵據點，正向黃梅挺進。

東西菰嶺，戰事仍激。

國際

國聯行政院第一〇二屆常會在日內瓦開幕。

我國向國聯提出援引盟約十七條之申請。

174 | 閻錫山故居所藏第二戰區史料 **第二戰區抗戰大事記**（1937-1939）
Historical Documents of the Second Theater in the Yan Hsi-shan's Residence
The Daily Records of the Second Theater in the Second Sino-Japanese War, 1937-1939

9月10日

二戰區

河津敵二百餘犯稷山，該城失而復得。

離石敵三千餘沿離柳公路西犯，在楊花嶺、下白霜一帶與我軍激戰。

國內

廣濟方面敵反攻甚烈，並施放大量窒息瓦斯，我軍頗有傷亡。

我軍克復固始東南三十里之葉家集。

南潯線敵之主力移於右翼，本日西華嶺、瀾泥塘有激戰。

9月11日

二戰區

我軍反攻大武鎮，敵不支潰去。

離石步砲聯合之敵千四、五百人，猛撲柳林，我因戰略關係，撤至兩側高地，當晚敵竄至軍渡。

綏遠我游擊隊聯合隊克復烏蘭花。

國內

江北方面黃廣公路之殘敵被我肅清。生俘敵三百餘。

南潯線右翼戰事仍激，瀾泥塘陷混戰中。

大別山北麓我富金山陣地被突破。

國際

希特勒、戈林在紐倫堡發表演說，對捷克猛加攻擊。

捷政府與蘇台德黨重開談判。

9月12日
二戰區

我軍攻擊中條山廿里嶺，收復呂祖廟以北高地。

絳縣敵七、八百人與我軍在孟留發生遭遇戰，敵不支北潰。

敵向離石南山我軍進犯，雙方血戰終日，死傷均重。

國內

皖、鄂間我軍退守大別山既設陣地，阻敵西進。

國際

國聯大會第十九屆常會在日內瓦舉行開幕。

9月13日
二戰區

我軍反攻柳林與敵巷戰澈夜，共斃敵二百七十餘人，敵司令部亦被毀。

敵五千餘分兩路進犯中條山，企圖會攻王家河。

國內

敵第五次猛攻西菰嶺，並使用毒氣，我軍退守華龍山。

豫東我軍收復太康。

國際

希特勒在國社黨末次大會發表演說，抨擊各民主國家，並猛烈攻擊捷總統。

捷蘇台德黨魁漢倫向捷政府提出最後通牒，要求舉行公民投票，合併於德。

176 | 閻錫山故居所藏第二戰區史料 **第二戰區抗戰大事記**（1937-1939）
Historical Documents of the Second Theater in the Yan Hsi-shan's Residence
The Daily Records of the Second Theater in the Second Sino-Japanese War, 1937-1939

9月14日

二戰區

張店之敵經我襲擊戰況轉烈，我收復下郭村。

柳林敵向我北山猛犯未逞。

國內

我放棄馬頭鎮，敵主力已移至該方。

國際

歐區緊張，因德方堅持蘇台黨應在十一月以前實行公民投票。

9月15日

二戰區

我軍猛攻中條山之敵，在馬蹄垛、上下焦村、毛家山等地，激戰甚烈，敵全線潰退。

張店鎮東蘿葡溝之敵被我擊退，死傷二百餘。

我軍襲佔柳、離間之薛村，斷敵連絡。

國內

固始敵分三路進犯潢川，今與我在官橋會戰。

南潯路正面我攻擊馬迴嶺之敵獲勝。

國際

英首相張伯倫飛德訪希特勒在貝茲加登會談。

蘇台德黨宣言今後決盡力自衛。

9月16日

二戰區

軍渡敵竄回柳林，我軍收復該地。

國內

敵向武穴東北進犯，與我在塔木格激戰。

潢川戰爭甚烈。

國際

張伯倫飛返倫敦。

捷政府下令解散蘇台黨保衛隊，漢倫逃往德國。

顧維鈞在國聯演說期望國聯實施盟約援助中國。

9 月 17 日

二戰區

包頭敵偽軍分兩路西犯，先頭部隊已與我接觸。

柳林方面敵步砲聯合千餘人，向我馮家畔、柳家園之線進犯，與我發生激戰。

柳林敵被包圍猛攻。

國內

武穴東潘家灣、玻璃庵登陸之敵逐漸增加。

國際

法總理達拉第飛倫敦商討歐洲時局。

9 月 18 日

二戰區

山西各界在興集舉行九一八七週紀念大會。並發動減食運動，徵募寒衣。

柳林敵被我壓迫向東竄去，我將柳林四面包圍。

我軍克復張店。

178 | 閻錫山故居所藏第二戰區史料 **第二戰區抗戰大事記**（1937-1939）
Historical Documents of the Second Theater in the Yan Hsi-shan's Residence
The Daily Records of the Second Theater in the Second Sino-Japanese War, 1937-1939

國內

德星線戰況仍甚激烈。

南潯線我繼續向敵反攻，將馬迴嶺附近康家山之敵
包圍。

國際

法總理達拉第等飛返巴黎。

9月19日

二戰區

我軍再度攻襲柳林與敵發生巷戰。

國內

我向盤據廣濟東各據點之敵總攻，斃敵數百，奪回
據點數處。

敵約一聯隊向我商城沙窩陣地猛攻，被我出擊敗退。

國際

英、法在倫敦會商結果，將重劃德、捷邊境。

國聯行政院接受我政府所提關於實行盟約十七條之
申請。

9月20日

二戰區

我軍克復柳林鎮，敵向離石潰竄。

我軍在王家池、子家莊間伏擊由吳城鎮東開之敵，
共斃敵人馬五百餘，獲步槍六十餘支。

敵一師團由濟源西進，另一部由絳縣南下會陷垣曲。

國內

瑞昌西南馮家集有激戰，德星線戰況沉寂。

侵入商城、潢川之敵繼續西犯與我在光山以北激戰。

9 月 21 日

二戰區

臨汾集結敵三、四千人揚言將西犯汾城。

敵軍四、五千人，附砲卅餘門，由聞喜東南之河底堰掌鎮向我邱家梁、高家坡陣地進犯，同時另一部約一千五百餘人，由北向橫水鎮南我軍陣地進犯。

濟垣西犯之敵侵入封門口，先頭部隊，竄抵王屋鎮。

國內

江南我軍三路猛攻，斃敵甚眾。

由駱駝山向我田家鎮進犯之敵約兩聯隊，被我砲擊，死亡七百餘。

國際

日本商議決定拒絕國聯邀請。

捷政府決定接受英、法解決蘇台區方案。

英首相張伯倫第二次飛德晤希特勒。

9 月 22 日

二戰區

我軍乘勝追擊由柳林東竄之敵，已逼近離石近郊。

聞喜堰掌鎮東敵我血戰終日，敵死傷千餘，我亦陣亡營長以下官兵六、七百名。

180 閻錫山故居所藏第二戰區史料 **第二戰區抗戰大事記**（1937-1939）
Historical Documents of the Second Theater in the Yan Hsi-shan's Residence
The Daily Records of the Second Theater in the Second Sino-Japanese War, 1937-1939

國內

南潯線無激戰。

田家鎮方面敵源源增援，戰事頗烈。

石莊偽皇協軍岳鵬部三千餘人全部反正，並斃敵三百四十名，俘敵軍官三十四人。

9月23日

二戰區

絳縣橫嶺關敵向東南進犯，側擊垣曲。

國內

田家鎮之敵約三千猛攻烏龜山，我軍轉守甲灣、雞腳壋、孟宣灣等陣地。

武穴對面之福池口戰事頗劇。

國際

捷克陸軍教育總監薛拉維將軍組成新閣。

捷蘇台區發生戰事。

9月24日

二戰區

橫嶺關敵三千餘向我陣地猛撲，我軍正拚死堵擊。

國內

星德線歸宗寺溫泉一帶我軍奪回若干陣地。

鄂東沿江富池口要塞失陷。

關於日本拒絕國聯邀請，我王外長發表聲明謂國聯會員國應斷然執行盟約第十六條。

國際

張伯倫飛返英京。

蘇聯聲明波若侵捷,即廢止蘇波互不侵犯條約。

9 月 25 日

二戰區

閻司令長官在吉縣古賢村召開抗敵行政工作檢討會議。

橫嶺關東北之蘇白梁一帶敵我激戰甚烈。

國內

我軍克復羅山,斬獲頗多。

田家鎮展開血戰,往復衝鋒肉搏達十數次。

國際

捷政府向世界發表廣播宣言追述接受英、法建議經過。

德捷邊境不斷發生衝突。

9 月 26 日

二戰區

離石敵仍在我軍包圍進攻中。

垣曲皋落鎮被敵攻陷。

國內

瑞武公路我軍大捷,敵一聯隊全被我消滅。

豫東我軍克復歸德城。

182 | 閻錫山故居所藏第二戰區史料 **第二戰區抗戰大事記**（1937-1939）
Historical Documents of the Second Theater in the Yan Hsi-shan's Residence
The Daily Records of the Second Theater in the Second Sino-Japanese War, 1937-1939

9月27日

二戰區

橫嶺關至垣曲間，我軍避開大道，採機動戰術，側擊敵背，以求逐段殲滅。

國內

南潯線右翼我軍大捷，殲敵千餘人。

我機一大隊飛豫西北助戰，在羅山西北投彈二百餘枚，摧毀敵砲兵陣地。

國際

英政府發表正式宣言聲明，德若攻捷，英、蘇、法必一致行動。

9月28日

二戰區

我軍夜襲中離公路之李家灣，敵傷亡頗重。

蒲掌之敵千餘竄至垣曲城郊，我軍移城西山上。

國內

敵軍一旅團附上載重汽車三百餘輛，向瑞武公路增援，被我包圍。

敵機九架襲昆明，被我擊落三架。

國際

英、德、法、意在德國慕尼黑舉行四強會議。

國聯行政院本日會議決定接受我國要求，由各會員國個別實施制裁盟約第十六條。

敵閣內鬨，陸相板垣毆傷外相宇垣。

9 月 29 日

二戰區

孟縣、代縣敵蠢動，有犯五台模樣。

離石敵千餘分三路犯我嚴村以北高地，激戰終日，被斃傷百餘。

國內

瑞武路我軍全線反攻，戰事極烈，麒麟峯敵軍一聯隊，被我完全消滅。

豫北我軍收復孟縣。

皖南克宣城。

國際

日外相宇垣被迫辭職。

9 月 30 日

二戰區

我軍襲擊永濟南焦爐、趙村，與敵發生激戰。

垣曲皋落鎮西口頭村附近，敵輜重隊四、五百人，被我擊潰。

由孟縣北犯五台之敵在柏蘭鎮，被我擊斃三百餘。

國內

田家鎮我軍轉移新陣地。

瑞武公路敵攻馬鞍山，被我擊斃千餘。

國際

英、法、德、意四強協定在慕尼黑簽字。

英、德簽定永遠不作戰宣言。

184 | 閻錫山故居所藏第二戰區史料 **第二戰區抗戰大事記**（1937-1939）
Historical Documents of the Second Theater in the Yan Hsi-shan's Residence
The Daily Records of the Second Theater in the Second Sino-Japanese War, 1937-1939

10月1日

二戰區

敵軍四萬分九路圍攻五台，我軍在崞縣、行唐、靈邱等地分別迎擊。

國內

皖我軍克復宿松。

瑞武線右側何家山敵三千名，被我全部解決。

國際

國聯通過援華制日報告書。

捷克被迫割特申區於波蘭。

10月2日

二戰區

定襄敵三路經東冶、河邊攻陷五台城。

晉南我軍反攻垣曲。

國內

豫南我軍再迫商城。

鄂我軍克麒麟峯、何家山，斃敵三千。

10月3日

二戰區

犯垣曲敵潰退皋落鎮。

汾離公路我軍克復李家灣。

敵機三架飛寧武、軒崗，共投彈廿餘枚。

國內

江南戰況極烈，各線互有進退。

豫北敵軍，向沁博一帶撤退，我軍收復武安、涉縣。

國際

匈盛行反捷運動，要求割讓領土。

10月4日

二戰區

我軍在晉冀邊區斃敵近千。

國內

犯陽新敵受挫，我沿江砲兵，猛轟敵艦。

我軍克復潛山。

國際

捷新內閣成立，薛維拉總理兼國防部長。

10月5日

二戰區

旬日來垣曲混戰，結果我斃敵在五千以上。

國內

犯連雲港敵被我擊退。

我沿江砲兵擊中敵艦十艘。

瑞武線敵獲援後，又猛烈反攻，我堅守馬鞍山、上坳山之線。

國際

捷總統貝尼斯辭職。

186 | 閻錫山故居所藏第二戰區史料 **第二戰區抗戰大事記**（1937-1939）
Historical Documents of the Second Theater in the Yan Hsi-shan's Residence
The Daily Records of the Second Theater in the Second Sino-Japanese War, 1937-1939

10月6日

二戰區

原平敵千餘向軒崗進犯。

國內

鄂陽新湖東，我軍大勝，斃敵千餘。

國府令張礪生代察主席。

國際

德軍開入蘇台區。

美政府以長數千言之照會送日政府，認日方策違反門戶開放主義。

10月7日

二戰區

我軍猛襲解縣南廿里嶺之敵。

軒崗東面之紅池，敵我激戰，朔縣敵四、五百亦向陽方口進犯。

國內

浙我軍克復海塩。

豫南柳林車站，被敵侵入。

國際

斯洛伐克自治政府成立，蒂梭任主席。

10月8日

二戰區

抗敵行政工作檢討會議閉幕。

垣曲敵二千餘在駱駝窰一帶向我軍猛犯，經我據險

迎擊，斃敵四百餘。

軒崗我軍撤至段家嶺，據險猛抗，斃敵二百餘。

國內

瑞陽武線，我軍克復木石港斃敵兩千。

南潯路萬家嶺一帶激戰甚烈。

10 月 9 日

二戰區

我收復解縣東南各高地，對城內敵正在圍殲中。

五台敵與阜平西犯敵會佔石咀。

崞縣、朔縣之敵會陷寧武。

我軍夜襲軒崗，斃敵五、六十。

國內

我游擊隊進攻滬南。

敵機卅四架，分批襲桂林、柳州。

南潯路萬家嶺地區，我殲敵兩旅團，獲空前勝利。

我空軍夜襲長沙敵艦。

10 月 10 日

二戰區

山西各界在興集舉行廿七週國慶紀念大會。

五台、石咀敵侵入台懷鎮。

我軍克復垣曲及同善鎮。

國內

南潯路我軍連日激戰，殲敵兩萬餘，敵一〇一師團
消滅殆盡。

188

閻錫山故居所藏第二戰區史料 **第二戰區抗戰大事記**（1937-1939）
Historical Documents of the Second Theater in the Yan Hsi-shan's Residence
The Daily Records of the Second Theater in the Second Sino-Japanese War, 1937-1939

魯我軍克泰安、兗州。

我空軍兩度夜襲敵艦。

全國各地舉國慶紀念會。

國府明令獎勵抗戰將士。

10 月 11 日

二戰區

解縣方面我軍猛攻廿里嶺，佔領墩台嶺，斃敵數十。

五台方面我軍收復耿鎮。

國內

南潯線我軍克復馬迴嶺。

衡陽空戰，擊落敵機六架。

行政院通過人民守土傷亡撫卹實施辦法。

豫南敵由陡溝進犯信陽，被我擊潰。

10 月 12 日

二戰區

我軍襲擊解縣東關，斃敵甚眾。

國內

鄂陽新西南發生激戰。

豫南我軍克復柳林車站。

敵在粵東大亞灣登陸，圖犯廣州。

敵機一百廿七架大施轟炸廣東各地。

10月13日
二戰區

　　垣曲方面我軍冒雨向王茅鎮、吉家山之殘敵追擊，斬獲甚眾。

國內

　　敵由大亞灣登陸，我軍奮勇抵抗，刻正在激戰中。

　　江南陽新方面敵我隔湖相持。

　　敵軍萬餘，猛攻惠陽。

10月14日
二戰區

　　敵軍二千餘人，進攻五台柏蘭鎮，與我軍發生激戰。

　　垣曲方面敵我在東西交斜及五女山一帶激戰。

國內

　　粵我軍反攻淡水，殲敵二千餘。

　　豫敵侵入信陽。

　　我軍克復冀南刑台。

10月15日
二戰區

　　五台柏蘭鎮附近之敵，施放大量毒氣，我軍奮勇抵抗。

國內

　　粵我軍反攻，一度克復淡水。

　　中央發表告廣東全省軍民書。

　　沿江敵集中南岸，龍港戰事甚烈。

190
閻錫山故居所藏第二戰區史料 **第二戰區抗戰大事記**（1937-1939）
Historical Documents of the Second Theater in the Yan Hsi-shan's Residence
The Daily Records of the Second Theater in the Second Sino-Japanese War, 1937-1939

10月16日

二戰區

我軍在清源、交城間之義生村伏擊，斃敵三百餘名。

聞喜、夏縣敵為牽制我軍，策應皋落之敵，本日起向我中條山進犯，經我迎擊，仍潰退原處。

國內

粵惠陽轉移新陣地。

豫我軍反攻信陽，激戰甚烈。

國際

英邱吉爾對美廣播，痛斥納粹主義。

10月17日

二戰區

進攻五台柏蘭鎮之敵，遭我痛擊，向盂縣潰退。

我軍圍攻垣曲之皋落鎮，敵主力北退。

國內

鄂陽新被陷，大冶發生激戰。

粵敵越博羅、樟木頭，直犯廣州。

豫南我軍克復信陽西南之譚家河。

10月18日

二戰區

我軍襲祁縣東北之西古村，獲槍彈甚多。

皋落鎮我軍全線總攻，敵軍總潰，當將該鎮收復。

靈石敵千餘，侵入靜昇鎮。

國內

粵增城、博羅、石龍間敵我展開血戰。

我空軍飛粵助戰。

10 月 19 日

二戰區

我軍夜襲繁峙大營鎮，斃敵百餘。

我軍收復五台之台懷鎮。

我軍反攻克復靜昇鎮，斃敵百餘。

國內

粵我軍在博羅西北福田、陽村阻敵前進。

沿江敵犯黃石港，江北沙窩激戰。

10 月 20 日

國內

南潯線，我軍固守德安。

敵艦四艘犯黃石港西之鄂城。

漢口疏散人口，車夫壯丁，從容撤退。

10 月 21 日

二戰區

晉北我軍包圍朔縣。

中條山一帶殘敵正在我軍圍殲中。

我軍夜襲五台之南茹村，敵守軍三百餘被我消滅大半。

192 閻錫山故居所藏第二戰區史料 **第二戰區抗戰大事記**（1937-1939）
Historical Documents of the Second Theater in the Yan Hsi-shan's Residence
The Daily Records of the Second Theater in the Second Sino-Japanese War, 1937-1939

國內

我軍自動退出廣州。

侵入鄂城之敵被我軍驅出。

國際

英、美進行商約談判。

日西南部遭颱風猛襲，鹿兒島死傷居民千餘。

10月22日

二戰區

晉北我軍克復龍泉關。

霍縣敵千餘東犯，進佔石鼻、北張各村。

國內

鄂陽新敵沿公路犯金牛、咸寧。

敵圖在粵中山萬頃河登陸，與我發生激戰。

國際

捷決廢捷蘇公約。

10月23日

二戰區

晉南會戰，告一段落，垣曲東西殘敵，被我肅清。

霍縣敵進犯源頭、范村，經我猛烈夾擊，傷亡二百餘。

國內

江北敵由沙窩進犯，圖犯黃陂。

敵機在城陵磯炸燬我招商局江新輪，乘客千餘遇難。

敵機六十架分七批襲漢市。

10 月 24 日

二戰區

五台之敵大部向崞縣、忻縣退去。

國內

沿江侵入鄂城、黃陂。

粵我虎門要塞經激戰後，卒陷敵手。

國際

英砲艦沙鳥號在長沙被敵機轟炸。

10 月 25 日

國內

我軍自動退出武漢，重新決定戰略。

粵敵越從化、花縣，北犯。

敵機在洞庭湖炸沉我難民船三艘，死難民八千餘。

國際

英、法共同進行解決阿剌伯問題。

10 月 26 日

二戰區

河津敵數百進襲城南之小停村，我守軍迎擊，斃敵百餘。

國內

敵軍開入武昌時，與我發生激烈巷戰。

德安城被敵侵入，我軍仍堵擊抵抗。

英大使抵滇，稱未奉調解令。

194   閻錫山故居所藏第二戰區史料 **第二戰區抗戰大事記**（1937-1939）
Historical Documents of the Second Theater in the Yan Hsi-shan's Residence
The Daily Records of the Second Theater in the Second Sino-Japanese War, 1937-1939

國際

德外長赴羅馬，傳德、意、日將締結新同盟。

10月27日

二戰區

絳縣敵千餘竄翼城，有沿曲高公路東犯模樣。

國內

德安激烈巷戰，敵放毒氣。

粵敵由增城犯從化。

國際

日對法恫嚇，要求禁軍火入華。

美對日提警告，要求尊重權益。

10月28日

二戰區

晉冀察邊區東線，我軍全面反攻。

廣靈敵南竄至張家湖附近，被我軍截擊，毀敵汽車
廿五輛，斃敵官兵二百餘。

國內

鄂敵攻入咸寧，沿粵漢路南犯汀泗橋。

參政會第二次大會開幕，蔣委員長發表演說，堅持
抗戰到底。

豫信陽敵分四路竄犯受阻。

國際

德外長晤莫索里尼商匈、捷劃界問題。

10 月 29 日

二戰區

河津敵我激戰。

山西各界在興集舉行光復紀念大會。

我軍夜襲永濟東之五姓村，斃敵二百餘。

國內

德安我軍撤退。

粵花縣、清遠、佛岡敵我激戰。

國際

日任有田八郎為外相。

10 月 30 日

國內

武漢敵沿漢宜公路西犯蔡甸。

粵我軍反攻三水、河口。

重慶、莫斯科間無線電通話成功。

鄂敵沿粵漢路南犯侵入汀泗橋。

國際

日報紙表示希圖修改九國公約。

10 月 31 日

二戰區

敵擬分三路進攻我晉西北。

國內

蔣委員長發表告國民書。

咸寧敵西進圖犯岳州。

三水敵增援西犯。

196 | 閻錫山故居所藏第二戰區史料 **第二戰區抗戰大事記**（1937-1939）
Historical Documents of the Second Theater in the Yan Hsi-shan's Residence
The Daily Records of the Second Theater in the Second Sino-Japanese War, 1937-1939

11月1日

二戰區

我軍進佔聞喜以東各山口。

國內

敵在福州南福清登陸。

豫南我軍收復息縣。

參政會議決擁護領袖抗戰到底等案。

11月2日

二戰區

廣靈敵遭我襲擊，向南潰退。

解縣敵增至四千餘，向榆樹嶺猛攻，我軍略向後移。

國內

鄂敵犯通山，與我在大畈鎮間激戰。

國際

英下院通過英意協定生效案。

11月3日

二戰區

張店敵犯風口，被擊退。

五台敵五百餘竄高洪口，被我完全消滅。

汾陽敵千餘竄汾、孝間之三泉鎮，經我截擊，斃傷
百餘。

國內

鄂通山激戰，城垣數處被毀。

閩福清登陸之敵被我全部擊退。

日發宣言誘我與日偽合作。

國際

美促世界注意九國公約仍有效。

11月4日

二戰區

敵我在五台渭石莊附近，激戰竟夜，被我消滅三百餘。

解縣南榆樹嶺附近我軍反攻，恢復前數日陣地。

國內

鄂我軍放棄嘉魚、蒲圻。

粵我軍克復三水。

鄂敵五千餘分兩路會攻南林橋，被我軍奮勇擊退。

國際

英駐美大使與嚇爾商遠東問題。

11月5日

二戰區

我軍在五台南茹村、關子嶺等處殲敵三、四百。

國內

鄂北敵侵入應城。

11月6日

二戰區

我軍在解縣附近，連克要地。

198 | 閻錫山故居所藏第二戰區史料 **第二戰區抗戰大事記**（1937-1939）
Historical Documents of the Second Theater in the Yan Hsi-shan's Residence
The Daily Records of the Second Theater in the Second Sino-Japanese War, 1937-1939

國內

粵我軍進抵廣東城郊。

風陵渡、潼關一帶隔河砲戰。

參政會第二次大會閉幕。

11月7日

二戰區

原平及朔縣敵三千餘，向寧武進犯。

敵軍千餘人、唐克車六輛、飛機三架，由崞縣、定襄分三路西犯，經我軍在陽武村西高地抵禦，激戰三小時，敵傷亡四百餘。

虞鄉敵三千餘犯王官峪，被擊退。

國內

鄂北敵軍侵應山西之馬坪。

鄂南我軍放棄崇陽。

國際

英、美、法對日要求開放長江航運。

11月8日

二戰區

我軍在軒崗、陽方口阻敵前進，激戰甚烈。

臨汾敵二千餘竄抵史村東北之劉家村遭我突擊，斃傷百餘。

國內

敵機十八架襲成都。

國際

日閣議決定總動員法全部實施。

11月9日
二戰區

敵續由原平增援千餘，並以飛機掩護，猛攻寧武城，我軍轉移城郊，不斷予以襲擾。

國內

粵我軍克復順德、良大。

粵漢線羊樓洞、羊樓司激戰。

11月10日
國內

平漢線我軍反攻信陽北長台關。

國際

英表示將與美合作維護九國公約。

土總統凱末爾病逝。

美國會改選，民主黨仍佔優勢。

11月11日
二戰區

兌九峪附近敵我對峙。

國內

湘、鄂邊境緊張，岳陽東北及通城南發生激戰。

我軍三路反攻廣州。

200

闔錫山故居所藏第二戰區史料 **第二戰區抗戰大事記**（1937-1939）
Historical Documents of the Second Theater in the Yan Hsi-shan's Residence
The Daily Records of the Second Theater in the Second Sino-Japanese War, 1937-1939

國際

　　土選出紐魯為新總統。

11 月 12 日

二戰區

　　寧武、靜樂一帶，仍有激戰。

國內

　　粵我軍克復從化。

　　岳陽我軍撤至麻塘附近繼續抗戰。

　　敵機狂炸湘西城市。

國際

　　德頒布限制猶太人法規，處置極嚴酷。

　　法通過復興法案。

11 月 13 日

二戰區

　　我大批援軍開神池，向寧武反攻。

國內

　　長沙發生空前大火。

　　粵我軍迫近增城。

11 月 14 日

二戰區

　　我軍反攻寧武，克復段家嶺。

　　中條山王峪口東至張店各據點，敵猛烈進攻，我軍
略向後移。

國內

贛敵犯我廬山陣地。

鄂我軍一度克復咸寧縣城。

國際

日致英、法、美覆牒，拒絕開放長江。

11 月 15 日

二戰區

張店附近我克復要點數處。

中條山我軍反攻，迫近王峪口。

我軍在朔縣、神池、寧武一帶，連日奇襲，甚為得手。

國內

贛我軍固守修河，敵由張公渡偷渡被擊退。

敵機廿六架襲西安。

國際

羅馬尼亞王加羅爾抵英。

11 月 16 日

二戰區

中條山我反攻部隊，進佔風口。

夏縣附近敵我激戰。

敵軍三百餘攻入神池城，旋又被我擊退。

國內

粵北我軍進抵石井。

202 | 閻錫山故居所藏第二戰區史料 **第二戰區抗戰大事記**（1937-1939）
Historical Documents of the Second Theater in the Yan Hsi-shan's Residence
The Daily Records of the Second Theater in the Second Sino-Japanese War, 1937-1939

國際

英意協定本日起發生效力。

法總理達拉第稱法殖民地永無割讓之理。

11月17日

二戰區

敵軍二千餘由朔縣西犯，我軍預伏於寧武瓦窰村，乘機猛襲，敵幾盡數被殲。

國內

湘北敵南犯長沙，被我阻於汨羅江。

我軍圍攻崇陽之敵，當將縣城克復。

我軍再度克宣城。

國際

英美商約在美簽字成立。

11月18日

國內

我軍分三路進迫廣州，一部已抵白雲山。

11月19日

二戰區

我軍在汾陽羅城鎮伏擊，斃傷敵百餘，燬敵汽車三輛。

國內

我反攻廣州部隊，已佔領白雲山及黃沙車站。

11 月 20 日

二戰區

陽方口、寧武、軒崗各處掩護修路之敵，經我不斷襲擊，傷亡甚眾。

閻司令長官移節吉縣。

國內

蔣委員長親臨長沙處理大火善後問題並懲辦溺職官史。

11 月 21 日

二戰區

晉南我軍迫近運城。

霍縣城東上下王村南堡一帶之敵，經我圍攻，斃傷二百餘。

國內

湘北我軍反攻順利。

敵機廿三架襲桂林，被我擊落一架。

11 月 22 日

二戰區

進攻昔陽東冶頭敵軍，被我全部消滅。

國內

粵敵竄大鵬，圖犯深圳。

蔣委員電呈國府，報告長沙大火原因及處理經過。

鄂北我軍收復武勝關。

豫南我軍克復商城。

204 | 閻錫山故居所藏第二戰區史料 **第二戰區抗戰大事記**（1937-1939）
Historical Documents of the Second Theater in the Yan Hsi-shan's Residence
The Daily Records of the Second Theater in the Second Sino-Japanese War, 1937-1939

11月23日

二戰區

風陵渡敵經我南岸砲擊，損失甚鉅。

國內

我軍猛攻信陽，與敵發生激戰。

湘北我軍，控制岳陽，進撲蒲圻。

國府明令懲辦長沙大火肇事各員。

國際

英相張伯倫抵巴黎。

11月24日

國內

皖我軍克復六安，並續向皖西反攻。

河北永清縣偽皇協軍四千餘全部反正。

粵北我軍克復從化。

國際

法罷工風潮瀰漫全國。

11月25日

二戰區

我軍夜襲陽方口（寧武附近）將車站敵五十餘名，
完全擊斃。

國內

粵寶安縣城失陷。

鄂通城南之龍山及楊家嶺兩處要塞，被我克復。

國際

美國務卿赫爾赴祕魯參加汎美大會。

英相張伯倫離巴黎返國。

11 月 26 日

國內

粵深圳我軍轉移新陣地。

鄂東方面，我收復羅店。

豫北我克復延津，敵向新鄉潰退。

國際

法罷工風潮嚴重。

蘇波成立協定，互不侵犯條約繼續有效。

11 月 27 日

二戰區

敵向固陽、歸綏增兵，企圖西犯。

橫嶺關敵千餘，砲八、九門，分三路犯我東峯山、柳林里一帶陣地，我軍奮勇迎擊，戰況甚烈。

永濟、風陵渡間我軍布置妥善，開始反攻。

國內

蔣委員在湖南召開南嶽軍事會議，宣布第二期抗戰要旨。

11 月 28 日

二戰區

趙城敵渡汾西侵，經我軍痛擊回竄。

206 | 閻錫山故居所藏第二戰區史料 **第二戰區抗戰大事記**（1937-1939）
Historical Documents of the Second Theater in the Yan Hsi-shan's Residence
The Daily Records of the Second Theater in the Second Sino-Japanese War, 1937-1939

國內

皖中我軍克復合肥。

粵北我軍收復神岡，向太平場推進。

豫南潢川已告收復。

11 月 29 日

二戰區

平定、昔陽、狼峪之敵千餘分三路南侵，企圖合擊
上龍泉，被我擊斃四十餘。

國內

上海附近，我游擊隊連克南匯、奉賢、川沙。

敵機狂炸常德。

11 月 30 日

國內

粵從化附近，展開劇戰。

粵我軍收復深圳。

國際

日六相會議，討論調整中日關係。

法總罷工完全失敗。

12 月 1 日

二戰區

新絳敵增加八百餘。

敵向中條山、麻平、風伯峪等處猛撲，被我擊斃四十餘。

國內

三水西南敵連日東撤，遭我自衛隊截擊，頗有損失。

華北日軍總司令官改任杉山，原任寺內奉召回國。

中央明令懲處余漢謀革職留任。

國際

義國會內發生反法運動。

12 月 2 日

二戰區

絳縣、聞喜一帶紅槍會萬餘連日與敵戰鬥激烈。

國內

廣九路沿線我軍活躍，連日襲敵頗得手。

從化以南戰事仍激烈。

我空軍轟南京、安慶敵軍事機關。

國際

義國表示要求突尼斯等殖民地。

12 月 3 日

二戰區

新絳敵六百餘，附砲七、八門，侵入三泉鎮，並續犯北張、西張等村，正在該處與敵激戰。

208 | 閻錫山故居所藏第二戰區史料 **第二戰區抗戰大事記**（1937-1939）
Historical Documents of the Second Theater in the Yan Hsi-shan's Residence
The Daily Records of the Second Theater in the Second Sino-Japanese War, 1937-1939

　　我軍在汾陽西北羅城伏擊，斃傷敵百餘，毀汽車三輛。

國內

　　從化南激戰結果，我軍收復太平場。

　　粵敵圖在北海登陸未逞。

國際

　　法使向義相提出抗議，法、義關係又告緊張。

12月4日

二戰區

　　敵一部侵入襄陵城，我軍因戰略關係撤出。

　　由臨汾南竄泉掌鎮之敵，被我截擊，潰退新絳。

國內

　　鄂我軍進攻麻城，頗為得手。

　　粵敵佔九江，繼犯江門。

國際

　　法屬突尼斯發生反義運動，表示忠誠擁法。

12月5日

二戰區

　　臨汾、新絳敵分南、中、北三路向我進犯，現在孫曲村、靳村及新絳馬壁峪等處均有激戰。

　　敵三、四千向稷山進犯與我軍在稷王山激戰，敵汾南司令官被我擊斃，我徐旅長積璋，亦於是役殉國。

國內

　　粵敵沿江門佛山公路南犯，江門被陷。

粵敵大舉反攻太平場，我軍迎擊，戰況甚烈。

國際

德外長里賓特羅甫抵法京。

12 月 6 日

二戰區

進佔襄陵之敵向西杜窰院推進，被我迎擊於東靳村，斃敵三十餘。

張店敵向我窰頭村及王家窰一帶進犯，被擊潰。

我游擊隊在汾陽羅城鎮伏擊由汾東去之敵，斃傷敵百卅餘，毀汽車三輛。

國際

德、法兩國成立和平宣言，本日在巴黎簽字。

12 月 7 日

二戰區

新絳西犯之敵遭我襲擊傷亡殆盡，我收復三界莊。

12 月 8 日

二戰區

河津敵又增加數百，砲四門，有擾禹門企圖。

國際

英、美駐日大使與日相有田會談門戶開放政策。

第八屆汎美大會本日在祕京利瑪開幕，參加者廿一國。

210 | 閻錫山故居所藏第二戰區史料 **第二戰區抗戰大事記**（1937-1939）
Historical Documents of the Second Theater in the Yan Hsi-shan's Residence
The Daily Records of the Second Theater in the Second Sino-Japanese War, 1937-1939

12月9日

二戰區

　　聞喜敵三、四千，自五日起向稷山推進，我軍在稷王山堵擊，激戰三晝夜，刻仍在相持中。

國內

　　北漢北段我敵在新牆北岸鐵路以東地區展開劇戰。

　　我軍克復惠州縣城。

12月10日

二戰區

　　敵我爭奪三界莊，發生劇烈血戰，敵卒被我擊退。

國內

　　我克復博羅，斃敵四百餘。

國際

　　美駐華大使詹森返國，本日晉謁羅斯夫大總統，報告遠東形勢。

12月11日

二戰區

　　犯稷王山敵約三千餘，續向河津推進，我軍分佔各據點，不時予以襲擊。

　　省委會通過晉廿八年度實施失學民眾補習計畫。

　　我軍克復東鎮，斃敵百五十餘人，焚燬敵汽油千餘箱，汽車廿輛。

國內

　　新墻河北岸，我連克兩要地，斃敵百八十餘。

國際

美國務卿赫爾在利瑪汎美大會席上演說反抗外來侵略。

12 月 12 日
二戰區

連日襄陵一帶激戰，敵傷亡四、五百。

離石李家灣敵七百餘，附砲數門，飛機六架掩護，犯我柳林，經我襲擊，狼狽潰竄。

國內

盤據安陸敵二、三百人，正被我包圍殲擊中。

12 月 13 日
二戰區

我決死隊襲擊臨汾段家店與孫喬村之敵，斃傷敵二百餘名。

離石敵兩千餘，再大舉西犯，被我擊潰。

國內

粵漢鐵路北段，敵我仍相持臨南約卅公里之西塘附近。

國際

英前外長艾登抵華盛頓，晉謁羅總統。

英首相張伯倫在倫敦外記者協會席上發表演說，申述英國外交政策，並抨擊侵略主義者。

閻錫山故居所藏第二戰區史料 **第二戰區抗戰大事記**（1937-1939）
Historical Documents of the Second Theater in the Yan Hsi-shan's Residence
The Daily Records of the Second Theater in the Second Sino-Japanese War, 1937-1939

12月14日

二戰區

連日來敵積極增兵河津、稷山，同時聞喜、新絳方面敵亦積極向我進犯，經我分頭阻擊，予敵重創，已成對峙狀態，本日河津敵三百餘，向禹門進犯。

離石敵千五百餘分三路犯我金羅鎮西之柳樹巷等村，被我分路阻擊，受創甚重，死亡三百餘。

12月15日

二戰區

河津、稷山敵開始向南移動。

攻佔聞喜偃掌之敵千餘，經我出擊，激戰竟日，恢復各山口，斃敵五百餘。

忻縣北部落鎮、龍泉莊等處敵千餘犯我衛村、劉莊陣地，經我痛擊，斃敵三百餘。

國內

粵漢鐵路北段戰事已逼近岳陽城。

國際

米美爾選舉結果，日爾曼人占優勢。

12月16日

二戰區

河津南北辛興村之敵，經我襲擊，全部被圍殲滅。

國內

粵我軍克復潢水、平山。

我國向英、美借款談判成功，美國放款總額為二千

五百萬美元。

國際

蘇倭漁業談判已陷僵局。

英海軍記者稱，英國將於一九三九一年內建造兵艦四五艘，共三十五萬五千七百零五六噸。

12 月 17 日

二戰區

昔陽敵二千餘攻陷皋落。

國內

粵我軍連克東江重要據點長寧、福田等地，斬敵二千餘。

國際

法眾院通過一九三九年陸海空軍預算案，陸軍較上年增五‧七七，海軍增七十六。

12 月 18 日

二戰區

稷山敵大部退新絳縣。

臨汾敵增加三千餘。

敵步砲連合約八百餘人，犯我武鄉、王和鎮，經我反覆衝擊，並向側背抄襲，將敵擊潰，是役敵死傷數百名，我陣亡營附、連長及士兵三十餘。

國內

汪副總裁由渝飛赴昆明。

214 | 閻錫山故居所藏第二戰區史料 **第二戰區抗戰大事記**（1937-1939）
Historical Documents of the Second Theater in the Yan Hsi-shan's Residence
The Daily Records of the Second Theater in the Second Sino-Japanese War, 1937-1939

12月19日

二戰區

敵步騎砲聯合機械化部隊千餘，分由忻縣、部落、龍泉莊、班村四處出發，犯我衛村、劉莊陣地，當與我發生激戰，敵傷亡甚眾，退竄原處。

我軍克復皋落，斃敵四十餘。

12月20日

二戰區

晉西南一帶，連日大雪，戰況沉寂。

國際

日向蘇題出之漁業問題解決辦法，要求本日以前答覆，蘇政府尚未提出覆文。

12月21日

二戰區

近日我軍大舉破壞同蒲鐵路。

國內

粵我軍迫近增城與隔增江激戰。

汪副總裁赴河內就醫。

12月22日

國內

粵我軍進攻增城之步隊已佔領東門外之高地，正與敵援軍激戰中。

國際

　　日外相有田訓令駐蘇大使東鄉，令於年前與蘇成立漁業臨時協定。

　　日相近衛發表聲明，主張建立東亞新秩序。

12 月 23 日
二戰區

　　襄陵敵進犯西杜村，企圖打通古城道路，西犯鄉寧，經我襲擊，斃敵廿餘。

國內

　　粵省府改組，吳鐵城免本兼各職，任李漢魂為主席兼民廳長。

12 月 24 日
二戰區

　　澗頭敵開始向我土門進犯，與我守軍發生激戰。

　　敵牛島師團及偽王英部各五千餘，藉大砲、飛機掩護，由河津、臨汾分路會向吉縣進犯，企圖渡河。

　　襄陵敵七百人犯我井頭及井頭山。

　　蒙城敵五十餘前往安定汲水，被我游擊隊，悉數殲滅。

國內

　　敵約一師團結集徐州，企圖犯連雲港。

216 閻錫山故居所藏第二戰區史料 **第二戰區抗戰大事記**（1937-1939）
Historical Documents of the Second Theater in the Yan Hsi-shan's Residence
The Daily Records of the Second Theater in the Second Sino-Japanese War, 1937-1939

12月25日

二戰區

土門郭家莊一帶仍在激戰中。

12月26日

二戰區

由土門西犯敵與我在黑龍關激戰。

敵軍千餘抄襲我龍門山左側，接觸竟日，敵我傷亡均重。

國內

蔣委員長在國府紀念週訓話，痛斥倭相聲明，揭發其滅亡中國獨霸東亞之野心。

12月27日

二戰區

我軍襲入絳縣西北之西橋村，以手擲彈大刀斃敵中隊長以下百人。

國內

粵漢北段我軍抵南津港。

湘北敵向城陵磯撤退。

國際

汎美大會閉幕。

美總統羅斯福宣布空軍新計畫。

12 月 28 日

二戰區

　　河津北犯之敵迫近師家灘。

　　由臨汾進犯吉縣之敵竄抵蒲縣。

國內

　　粵北江我軍攻花縣、石龍。

國際

　　英屬緬甸政府聲明軍火運華不受干涉。

12 月 29 日

二戰區

　　河津北犯之敵，陷師家灘。

　　臨汾西犯敵佔我蒲縣。

　　閻司令長官於大雪紛紛中離吉縣城，向敵後轉進，指揮作戰。

國內

　　汪兆銘由安南河內發表艷電，向中央建議與日構和，並響應近衛聲明。

　　敵機狂炸桂林，全城大火。

12 月 30 日

二戰區

　　大寧被敵佔領。

國內

　　我軍猛攻岳陽。

218 | 閻錫山故居所藏第二戰區史料 **第二戰區抗戰大事記**（1937-1939）
Historical Documents of the Second Theater in the Yan Hsi-shan's Residence
The Daily Records of the Second Theater in the Second Sino-Japanese War, 1937-1939

12 月 31 日

二戰區

　　吉縣失守。

　　晉西敵由離石分三路進犯。

　　閻司令長官抵吉縣東北之五龍宮。

民國 28 年（1939）

1月1日
二戰區

閻司令長官在五龍宮下令對吉縣之敵全線總攻。

自昨夜起我軍分三路襲擊中離公路上之金羅鎮，共斃敵五、六百。

國內

中常會召開臨時會議，決議永遠開除汪兆銘黨籍，並撤除其一切職務。

西康省政府成立。

國際

美政府照會日本，否認日有權建立「東亞新秩序」。

1月2日
國內

中宣對汪精衛發表聲明。

海內外機關團體紛電中央討汪。

國際

美抗議日本擅改我國海關稅率。

法總理達拉第出巡哥西加島及北非殖民地。

1月3日
二戰區

侵入吉縣之敵，繼續西犯，我實行空室清野，誘敵深入。

220 | 閻錫山故居所藏第二戰區史料 **第二戰區抗戰大事記**（1937-1939）
Historical Documents of the Second Theater in the Yan Hsi-shan's Residence
The Daily Records of the Second Theater in the Second Sino-Japanese War, 1937-1939

金羅鎮附近敵增援反攻，又被我擊退。

國內

日軍司令畑俊六回國，由山田繼任。

1月4日

二戰區

吉鄉一帶我軍乘敵喘息未定，分路圍攻，本日克文城、中市，殘敵竄入人祖山。

國際

日近衛內閣辭職，平沼奉令組閣。

美總統羅斯福在議會痛斥侵略國。

美總統羅斯福提咨議會，要求修改中立法。

1月5日

國際

波外長柏克訪希特勒會談。

1月6日

二戰區

晉西我軍各路出擊。

離石、中陽一帶敵我激戰。

國內

綏遠偽軍于志謙部兩團反正。

國際

匈兵侵入捷境，兩國軍隊在捷之蒙加邁鎮發生衝突。

美總統羅斯福宣布成立大西洋艦隊。

1月7日
二戰區
我軍收復大寧。
國際
法總統達拉第巡視北非殖民地後返國。

1月8日
二戰區
我軍收復吉縣，殘敵竄鄉寧、蒲縣。
國內
中國國際學會在渝成立。

1月9日
二戰區
敵三千餘、砲多門、飛機十架，攻陷東禹廟方面之龍門山，旋又退往河津。
國際
法對意態度堅決，英表示贊助。

1月10日
二戰區
我軍收復蒲縣、鄉寧。

絳縣敵千餘東竄里冊，分犯我任家嶺、斜曲、西坑、牛蛋陣地，激戰頗烈。

我軍攻擊風陵渡，占領東章村，斃敵數十。

222 | 閻錫山故居所藏第二戰區史料 **第二戰區抗戰大事記**（1937-1939）
Historical Documents of the Second Theater in the Yan Hsi-shan's Residence
The Daily Records of the Second Theater in the Second Sino-Japanese War, 1937-1939

國內

我空軍轟炸武漢。

行政院決議任石友三為察省主席。

1月11日

國內

日兵百餘圖在海南島登陸。

國際

英首相張伯倫赴羅馬與莫索里尼會談。

1月12日

二戰區

晉西我軍襲臨汾、洪洞。

1月13日

二戰區

靈邱偽警官，不堪日寇壓迫，宣布反正。

國內

衛立煌升任第一戰區司令長官。

張發奎、吳奇偉、李漢魂等回粵抗敵。

國際

匈牙利加入防共協定。

1月14日

國際

英致日照會，決維護九國公約。

1 月 15 日
國內

財政部通告償還海關擔保債辦法。

行政院決設中國工業合作協會。

1 月 16 日
二戰區

我軍進攻同蒲路趙家站。

國際

達拉第發表外交政策演說。

1 月 17 日
二戰區

候王、張店之敵向王峪口我軍猛犯，被擊退。

我軍猛襲霍縣城，與敵激戰甚烈。

國內

行政院決議改組湘省府，任薛岳為主席。

1 月 18 日
二戰區

臨汾開浮山偽軍三百餘，全部反正。

國際

英、法艦隊駛地中海，開始舉行大演習。

224 | 閻錫山故居所藏第二戰區史料 **第二戰區抗戰大事記**（1937-1939）
Historical Documents of the Second Theater in the Yan Hsi-shan's Residence
The Daily Records of the Second Theater in the Second Sino-Japanese War, 1937-1939

1月19日

二戰區

同蒲路我軍包圍侯馬。

國內

犯我金山之敵，昨、今兩日遭我痛擊，損失甚鉅。

三陽店東之白馬廟敵三百餘人，向錢家嶺、崔家坡
猛犯，我竭力抵抗，敵不得逞。

中常推蔣委員長任參政會議長。

1月20日

二戰區

晉南、晉東我軍分路向同蒲線進攻，連日激戰甚
烈，侯馬仍在我嚴密包圍攻擊中。

國內

衝入京山城內之敵，經我反攻擊潰，竄回皂市。

敵圍攻廬山甚急。

國際

國聯行政院通過決議案，請各會員國採取各項切實
有效之措置援助中國。

1月21日

二戰區

磧口車站及歸綏城郊，連日均有激烈戰爭，敵偽軍
被我擊斃者甚眾。

沿正太路敵集近萬，本日起分三路南犯，正與我軍
在西寨、杜莊附近激戰。

國內

粵花縣城被敵二千餘攻陷。

武陟東詹店之敵本日晨傾其全力反攻，我軍迎擊，斃敵無算。

第五屆五中全會開會，蔣總裁致詞，題為「以事實證明我國必勝，敵國必敗」。

國際

日首相平沼在下院發表演說，聲稱將向建設東亞新秩序之途徑邁進。

1 月 22 日

二戰區

昔陽敵約兩千餘分三路南犯和順。

國內

渡江反攻杭垣之我軍已克復富陽、餘杭，前鋒增至拱宸橋。

1 月 23 日

二戰區

侯馬附近，連日砲戰甚烈，運城刻集結敵三千餘、野砲廿餘門、飛機十七架，揚言將犯中條山。

國內

我軍出擊岳陽卅里之麻塘車站，共斃敵三十餘。

江陰敵五百餘，厭戰思鄉，全部譁變，司令官亦被殺。

226 | 閻錫山故居所藏第二戰區史料 **第二戰區抗戰大事記**（1937-1939）
Historical Documents of the Second Theater in the Yan Hsi-shan's Residence
The Daily Records of the Second Theater in the Second Sino-Japanese War, 1937-1939

國際

英派外部經濟司長華德金赴莫斯科與蘇聯舉行商務談判。

1 月 24 日

二戰區

由昔陽南犯之敵，本日侵佔和順城。

運城、解縣敵三千餘、砲廿餘門，在空軍掩護下分犯中條山，現戰事正烈。

介休、靈石之敵千餘，犯靜昇鎮，經我分途襲擊，敵受創甚鉅。

國內

蘇北我軍，克復窰灣，俘敵二百餘，斃敵百餘。

贛修河前線，戰事沉寂，敵近每日向我南岸發砲擾亂。

進犯牯嶺之敵大部已經我擊退。

國際

西國民軍進抵巴薩龍納城郊。

1 月 25 日

二戰區

晉南之敵，近復作掃蕩三角地帶，計連日中條山南戰況甚烈。

犯中條山之敵陷芮城。

國內

圍攻廬山之敵，被我擊退。

我軍克復京山，並向皂市進迫。

粵敵向三水增加數千，有西犯企圖。

1 月 26 日

二戰區

本日拂曉，永濟敵向我中條山北倉龍龕、牛家山一帶猛攻，我軍固守山頭，堅予抵抗。

靈石、霍縣之敵近均增加，有渡汾河西犯模樣。

文水、交城敵千餘，分三路西犯，刻正在范家山、曲里村與我對峙中。

閻司令長官離五龍宮西向灣河。

國內

鄂應城之敵又增援，故京鐘路戰事仍烈。

國際

西國民軍佔領巴薩龍納城。

1 月 27 日

二戰區

由運城南犯之敵，自陷芮城後，繼續東竄，我軍正在襲擊中。

侵入和順之敵以五千餘分向遼縣進犯，同時平漢、冀中、冀南敵積極調動，企圖大舉進攻晉東南。

史村敵兩千餘侵入翼城。

國內

鄂敵四百餘向天皂公路進犯，已與我開始血戰。

228 | 閻錫山故居所藏第二戰區史料 **第二戰區抗戰大事記**（1937-1939）
Historical Documents of the Second Theater in the Yan Hsi-shan's Residence
The Daily Records of the Second Theater in the Second Sino-Japanese War, 1937-1939

國際

英、法對捷借款成立，總額八百萬鎊。

1月28日

二戰區

芮城東北之敵數約二千，連日與我軍激戰甚烈。

霍縣敵分兩路向我進犯，均被擊退，我軍乘勝收復沙窩里。

侵入翼城之敵以千餘犯吳寨，正與我軍激戰中。

敵機五架襲會興鎮，在平境被我擊落一架。

國際

法外長龐萊宣布法蘇互助協定及法波同盟條約均有效。

1月29日

二戰區

趙村敵七、八百東竄，在十里舖附近與我激戰。

和順敵分兩路南犯，刻在遼縣北豐厚鎮及東北枴兒鎮與我激戰。

榮河偽軍五百餘全部反正。

閻司令長官駐節陝西宜川之秋林鎮。

國內

五屆五中全會本日閉幕，發表全會宣言。

1月30日
二戰區

我軍收復馬家嶺、磨凹等地，敵死傷二百餘，殘部退回解縣。

犯遼縣敵以猛烈砲火攻城，刻還在劇烈巷戰中。

國內

新疆、重慶間無線電話，初次通話。

國際

德眾議院開會，希特勒發表演說，堅持歸還舊有殖民地。

1月31日
二戰區

虞鄉敵千餘，分由東西草坡、百二盤南犯，我軍在山頭迎擊，敵不支，仍退山北。

昨日我軍自動退出遼縣，當晚乘敵不備，予以逆襲，混戰至今晨，敵不支向北潰退。

呂梁山戰事，已恢復上月廿八日以前狀態。

國內

鄂中侵入天門之敵，經我痛擊，潰退皂市。

國際

日偽軍侵犯蘇聯邊境（開蘭圖縱斯卡塔村附近）雙方發生衝突。

230 | 閻錫山故居所藏第二戰區史料 **第二戰區抗戰大事記**（1937-1939）
Historical Documents of the Second Theater in the Yan Hsi-shan's Residence
The Daily Records of the Second Theater in the Second Sino-Japanese War, 1937-1939

2月1日

二戰區

霍縣沙窠里被我擊退之敵，復聯合步騎砲二千五百餘人，分三路東犯，我軍分路迎擊，戰況甚烈，敵使用毒瓦斯，我軍中毒者甚多。

離石敵北犯大武鎮，我軍在馬頭山一帶堵擊。

由遼縣北潰之敵，經我沿途伏擊，敵死傷慘重，總計旬日來，敵犯遼縣死傷在二千以上。

晉西北青救聯會召開第一次代表大會。

2月2日

二戰區

我軍在中條山南與敵血戰數晝夜，現芮城之敵已全肅清，敵指揮官露營司令被擊斃。

張店敵向我東北進犯，被擊退。

離石北犯之敵，侵入大武鎮。

翼城敵千餘經曲沃北竄，一股沿史村公路北進，一股渡汾西犯，在東果遭我襲擊，傷亡百餘。

國際

日外相發表聲明否認英、美對日經濟壓迫，並稱日無封鎖中國門戶之意。

2月3日

二戰區

渡汾河西犯之敵侵入汾城。

土門敵七百餘，會合洪、趙敵數百，侵入萬安鎮。

我軍襲擊祁縣圍官村之敵，共斃敵五十餘名。

寧武敵四百餘侵入寧化，有犯靜樂模樣。

我軍向中離公路各據點之敵出擊，斬獲極眾。

國際

蘇撤回駐匈大使。

2月4日

二戰區

汾城敵六、七百，砲七門，分三路西犯，侵入大城鎮，我軍正在迎擊中。

忻縣、太原之敵各四、五百，向靜樂進犯，我軍正分途堵擊。

國內

敵機狂炸貴陽、萬縣。

2月5日

二戰區

犯中條山之敵，被我連日迎擊，敵勢大挫，本日午後我空軍復協同作戰，在同蒲路兩側投彈多枚，予敵重創。

霍縣敵出援，經我在李暋村一帶截擊，將其擊退。

我空軍轟炸運城敵機場。

國內

贛敵分三路攻我岷山游擊隊，經我猛烈迎擊，敵斃傷二百餘名，是役為贛北游擊隊最猛烈之戰爭。

粵我軍晚襲太平場，斃敵百餘。

232 | 閻錫山故居所藏第二戰區史料 **第二戰區抗戰大事記**（1937-1939）
Historical Documents of the Second Theater in the Yan Hsi-shan's Residence
The Daily Records of the Second Theater in the Second Sino-Japanese War, 1937-1939

國際

西加泰隆省之政府軍完全崩潰。

2月6日

二戰區

連日榮河、萬泉、猗氏各縣均有激戰，猗氏已在我軍包圍中。

盤據夏縣官莊之敵，經我派隊奮擊，於今晨前肅清，敵遺屍八十餘具。

國內

五中全會通過設置國防最高委員會，委員長由蔣總裁兼任。

粵我軍兩路反攻三水，戰況甚激。

國際

英首相張伯倫在下院發表聲明，謂法若被侵略，英國即當出兵援助。

2月7日

二戰區

敵六、七百押運糧彈，由安邑赴張店，經我在段村、上朝村截擊，奪獲糧彈甚多。

霍縣敵千餘侵汾西，經我軍截擊，斃傷甚眾。

我決死隊在汾西王禹村，伏擊由羅溪村西犯之敵，激戰四時，殲敵三百餘。

敵軍千餘犯羅漢（靈石西南），經我伏擊，傷亡三百餘。

國內

　敵為打通彭湖公路，近屢向流斯橋進攻，被我痛擊退去。

國際

　西政府敗退入法境。

2 月 8 日

二戰區

　解縣廿里嶺、張村一帶，有敵千餘、砲十餘門，永濟、風陵渡間有敵二千餘，運城敵三千餘、砲二十餘門，連日逐漸向西移動。

國內

　鄂中戰事，經十餘日之激戰，敵死亡千餘，退據應、皂與我對峙。

國際

　日海軍發言人宣稱：此後決檢查一切中立國之船隻。

　教皇庇護斯十一也於今晨逝世。

　西國民軍佔領米諾加島。

2 月 9 日

二戰區

　陷古城之敵經我迎頭痛擊，向汾城潰退。

2 月 10 日

二戰區

　翼城敵東犯，經我軍在大河口一帶痛擊，殲敵三百

234 | 閻錫山故居所藏第二戰區史料 **第二戰區抗戰大事記**（1937-1939）
Historical Documents of the Second Theater in the Yan Hsi-shan's Residence
The Daily Records of the Second Theater in the Second Sino-Japanese War, 1937-1939

餘。同日浮山失陷。

國內

　　華南敵一旅團在海空軍掩護下在海南島之天尾港登
陸，我軍猛烈抵抗。

2月11日

二戰區

　　汾西西犯之敵，刻在勍香附近與我對峙。

　　五台東冶河邊村之敵，本日晨分犯劉家灣、神喜
村，被我擊潰，斃傷五、六十人。

國內

　　蔣委員長答外記者問，關於海南島問題，謂日本之
進攻海南島無異太平洋上之九一八。

　　海南島我軍在澄邁海口奮勇抵抗敵軍。

2月12日

二戰區

　　橫嶺關之敵近復蠢動，向我砲擊。

　　靈石敵砲兵三百餘遭我伏擊，死三十餘。

國內

　　海南島登陸之敵，繼續向南移動，我守備隊隨時予
以截擊。

　　湘北我軍反攻岳陽，前鋒已達距岳陽城十餘里之處。

　　國民參政會第三屆會議開幕。

2 月 13 日

二戰區

絳縣橫嶺關、橫水鎮一帶，敵近增至四、五千，其一部四、五百竄里冊、官莊，分向我窰頭山進犯，激戰甚烈。

國內

海南島敵向澄邁縣西南金江市進犯，我軍奮起抵抗，肉搏甚烈。

察省府改組。

2 月 14 日

二戰區

夏縣曹張水頭之敵七、八百人，向附近我軍陣地進犯，經我軍誘圍，潰退張良村。

國內

犯海南島敵仍在澄邁一帶與我軍混戰中。

2 月 15 日

二戰區

河津敵一部北犯，同時新絳敵亦向馬壁峪進犯，雙方時有接觸。

我軍向聞喜北隘口之敵進攻，大獲全勝，斃敵百餘。

和順之敵分三路向昔陽撤退。

國內

湘北我軍連日向敵游擊，頗有斬獲。

長沙空戰我擊落敵機八架。

236 | 閻錫山故居所藏第二戰區史料 **第二戰區抗戰大事記**（1937-1939）
Historical Documents of the Second Theater in the Yan Hsi-shan's Residence
The Daily Records of the Second Theater in the Second Sino-Japanese War, 1937-1939

2月16日

二戰區

　　汾西敵六百餘、汽車八十餘輛，南竄至趙城屬石明村，分向我軍陣地進犯，經我痛擊，斃敵四、五十名。

2月17日

二戰區

　　臨汾敵七、八百，砲五門、汽車四輛，經千佛大陽犯臨汾東山，經我軍在上陽北地一帶截擊，激戰甚烈。

　　翼城敵千餘、砲五門，向北進犯，與我軍在鄭莊、郡里南，發生激戰，敵傷亡甚眾。

國內

　　國府明令嚴懲貪污，刷新政治。

2月18日

二戰區

　　橫嶺關增敵千餘，有犯垣曲企圖。

　　臨汾、洪洞敵分二兩路東犯，陷我浮山縣城。

　　五台敵進佔豆村。

國內

　　本日為新生活運動五週紀念，蔣委員長廣播講詞，大意在明禮義廉恥。

　　我軍襲擊羊樓洞之敵，斃敵三百餘。

2 月 19 日
國內

鄂中敵又蠢動，惟僅有砲戰。

豫東我軍在太康常集營與敵血戰大捷，斃敵七百餘。

2 月 20 日
二戰區

浮山城內駐敵千餘，我軍不時予以襲擊。

國內

敵機三十架分三批襲蘭州，被我機擊落九架。

鄂中敵攻佔天門，分三路西窺沙洋、瓦廟集、岳口等處。

2 月 21 日
二戰區

安邑西南地區，我軍不時襲擊，敵至感威脅。

國內

國民參政會閉幕。

2 月 22 日
二戰區

洪洞敵分三路圍攻安澤，正在安澤以西與我相持中。同日翼城敵千餘亦向東進犯，被我擊潰。

國內

滬日軍當局向工部局總董提出關公共租界行政上之要求，外人甚為注視。

238

閻錫山故居所藏第二戰區史料 **第二戰區抗戰大事記**（1937-1939）
Historical Documents of the Second Theater in the Yan Hsi-shan's Residence
The Daily Records of the Second Theater in the Second Sino-Japanese War, 1937-1939

2月23日

二戰區

　　浮山敵六百餘分兩路經王村北犯，經我腰擊，斃敵數十。

　　靈石敵二千餘，分三路東犯霍山我軍根據地。

　　我游擊隊襲擊平遙東北之洪善車站，斃敵七十餘名。

國內

　　敵機廿餘架，再襲蘭州，經激烈之空戰後，被我擊落六架。

　　豫東我軍襲擊太康，對戰甚烈。

2月24日

二戰區

　　由靈石東犯之敵侵入靜昇鎮，復東犯鄭家莊、霍口，我軍沿途夾擊，將敵擊潰，是役斃敵二百餘。

國內

　　鄂中敵進犯岳口，我軍放棄天岳路，改守新陣地。

2月25日

二戰區

　　我會攻汾城部隊在彭村、三公村一帶與敵五、六百人激戰，敵傷亡百餘，退入城內。

　　洪洞敵千餘增犯安澤，同時霍縣敵七百餘亦向東進犯，當晚安澤縣城被陷。

國內

　　鄂中敵千餘犯我洪山麓之三陽店。

國際

英、法承認西國民軍政府。

2 月 26 日

【無記載】

2 月 27 日

二戰區

我機十八架飛運城轟炸敵軍。

趙城敵千餘向霍縣東南之沙窩里進犯，我軍猛烈抵抗，該地失而復得。

國內

中英試航成功。

2 月 28 日

二戰區

臨汾敵千餘西犯原土村，史村敵五百餘西犯古城，正與我對戰中。

離石敵千餘分兩路向大武進犯，刻在馬頭山、榆林山一帶激戰。

霍縣敵乘大霧再犯沙窩里，被我軍擊退。

國內

侵入岳口之敵，三次強渡襄河均未逞。

海南島我孤軍仍在澄邁以東繼續抗戰。

敵我在三陽店血戰三晝夜，敵死傷千餘，我亦向後轉退。

240 閻錫山故居所藏第二戰區史料 **第二戰區抗戰大事記**（1937-1939）
Historical Documents of the Second Theater in the Yan Hsi-shan's Residence
The Daily Records of the Second Theater in the Second Sino-Japanese War, 1937-1939

3月1日

二戰區

昔陽敵千餘西犯，已與我軍接觸。

太原敵千餘，分路西犯，與我軍在太原縣屬之腰子莊激戰。

敵機二架飛靜樂投彈十餘枚。

安澤敵千餘，經辛店北侵入古陽村，有犯沁源企圖。

臨汾土門敵千餘西犯蒲縣，我軍在黑龍關附近伏擊。

國內

第三次全國教育會議在重慶舉行開幕禮。

國際

日本大阪軍火庫爆炸起火，燬屋百所，被災者逾七千人，傳係反戰份子所為。

英上院開會討論遠東時局。

3月2日

二戰區

浮山敵增至四千餘，一部侵入大河口，續向沁水進犯。

大武鎮我軍撤出，現在峪口附近，與敵相持。

寧武敵分犯東寨，正與我軍對戰中。

國內

鄂中敵受挫後，無大戰，僅鄭家橋、三陽店方面有小接觸。

海南島敵侵入臨高縣。

國際

義頒佈一九五年級至一九一八級之預備兵入伍令。

巴采利紅衣主教當選羅馬教皇。

3月3日

二戰區

晉北、晉西之敵分由寧武、忻縣、陽曲、離石、清源等處，向靜樂進犯。

由離石犯三交之敵在李家山與我激戰。

黑龍關附近，我軍連克數據點，予敵重創。

國內

滬工部局與日當局會談，否認第三者在公共租界內有警察權。

國際

印度領袖甘地為迅謀解決回、佛教徒衝突事，開始絕食。

3月4日

二戰區

同蒲沿線及晉西各據點之敵，邇來又見蠢動，分向我西北各地進犯，企圖實現其肅清之迷夢。

太原、清源敵千餘人，分頭西犯，正在古交鎮以南與我激戰。

國內

蔣委員長在全國教育會議講戰時青年方針。

沿襄河西犯之敵陷臼口，旋又被我克復。

242 | 閻錫山故居所藏第二戰區史料 **第二戰區抗戰大事記**（1937-1939）
Historical Documents of the Second Theater in the Yan Hsi-shan's Residence
The Daily Records of the Second Theater in the Second Sino-Japanese War, 1937-1939

國際

法國社會黨召開全國執委會，對外長龐萊攻擊甚烈。

3月5日

二戰區

由大武北犯敵，經我痛擊，向後潰退，我軍收復峪口鎮。

靜樂北，敵我激戰後，我軍撤出城外。

我反攻中陽城，衝進城郊，與敵激戰。

黑龍關附近，我再向敵猛攻。

國內

鄂中敵竄入鍾祥，我軍死力抵抗，發生血戰。

3月6日

二戰區

晉西進犯之敵，被我軍以機動姿勢，分六路痛擊，傷亡頗多，我軍一度攻入大武鎮。

我軍進攻離石西之李家灣交口及中陽北之金羅鎮，頗獲勝利。

國內

竄入鍾祥之敵與我守軍混戰兩晝夜，並使毒氣，我軍改守新陣地。

財政部召開之金融會議，本日在重慶開會。

國際

西國政府發生政變，瑪德里成立國防委員會。

3月7日

二戰區

浮山响水河附近激戰，敵傷亡在四百以上，浮山縣城，已在我軍包圍中。

三交敵陸續西犯，並屢增援，我軍浴血力戰，刻仍在西山附近與敵相持。

盂縣敵千餘人，分兩路北犯，一向上社，一向銅爐溝。

敵機二架，三次飛嵐縣、岢嵐轟炸。

國際

西班牙國內已陷入混亂狀態。

3月8日

二戰區

太原西犯敵侵入古交，我軍分散於附近高地，相機進擊。

趙城敵千餘潛渡汾河西犯，被我痛擊潰退。

臨汾敵千餘，增援浮山，企圖突圍，正與我對戰。

靜樂敵向嵐縣進犯，我軍正在中途伏擊。

國內

鍾祥東南，我出敵不意，施行截擊，各路敵狼狽向後撤退。

國際

英宣佈貨款與華總額一千萬鎊。

244 　閻錫山故居所藏第二戰區史料 **第二戰區抗戰大事記**（1937-1939）
Historical Documents of the Second Theater in the Yan Hsi-shan's Residence
The Daily Records of the Second Theater in the Second Sino-Japanese War, 1937-1939

3月9日

二戰區

敵軍一千餘侵入嵐縣，並繼續向岢嵐進擾。

離石敵再度侵入大武鎮。

我軍晚襲王封，斃敵七、八十名。

靈石南關敵千餘分三路東犯，均被我擊退。

寧武北犯之敵侵入神池縣城。

國內

鄂中豐樂河潰敵經我包圍擊斃八百名。

第三次全國教育會閉幕。

3月10日

二戰區

我軍反攻嵐縣，激戰甚烈。

臨汾土門敵四百餘西犯南灣里與我在塞子村對戰，
黑龍關敵企圖突圍未逞。

浮山敵得援後分兩路東犯，正與我軍對持中。

國內

鄂中戰況沉寂。

浙省我軍連日克復海塩、乍浦。

3月11日

二戰區

我軍收復嵐縣及大武鎮。

寧武敵晚侵入利民堡。

我機二十四架飛炸太原，曾與敵機發生空戰。

我軍在張莊（安澤南十里）襲擊由安澤向洪洞撤退之敵三百餘，當斃敵六十餘。

國內

國防最高委員會組織精神總動員會並制定國民公約。

豫敵陷濟源。

國際

捷克斯洛伐克境內獨立運動甚急。

3 月 12 日

二戰區

我軍收復利民堡，斃敵甚眾。

敵我在盂縣以北地區激戰，連日來斃傷敵三百餘。

中陽敵五、六百北犯劉家焉，經我伏擊，斃敵百餘。

國內

蔣委員長通電全國宣佈實行國民精神總動員。

豫我軍反攻克復濟源。

3 月 13 日

二戰區

黑龍關敵八百餘西竄侵入化樂鎮。我軍出擊，激戰五時，晚復將化樂鎮收復。

敵二千餘侵入靜樂南之婁煩鎮。

由五台、定襄調集之敵約三千人，侵入西煙鎮。

國內

贛敵在鄱陽湖東岸登陸，正與我激戰。

246 閻錫山故居所藏第二戰區史料 **第二戰區抗戰大事記**（1937-1939）
Historical Documents of the Second Theater in the Yan Hsi-shan's Residence
The Daily Records of the Second Theater in the Second Sino-Japanese War, 1937-1939

國際

德陸軍二十萬人集中捷克邊境。

3月14日

二戰區

離石北犯之敵二千餘人，經我痛擊，傷亡逾半，連日向汾陽竄退。

靜樂敵侵入西馬坊後，經我圍擊，未能立足，又復退出，是役敵死傷百餘名。

我機三十架再襲太原，向敵偽機關，投彈多枚。

國內

鄂中臼口、羅漢市街敵與我軍隔河砲戰。

鄱陽東岸敵續增都昌，徐家舖被敵機轟炸甚烈，我軍向後轉移。

國際

捷總統哈柴率同外長赴柏林晤希特勒。

3月15日

二戰區

我軍克復婁煩鎮。

萬泉敵犯稷王山，遇我伏擊，傷亡數十而退。

國內

鄂中三陽敵向北蠢動，被我軍擊潰。

國際

德突進兵捷克。

希特勒與哈柴發表聯合宣言，自三月十五日起，捷

人民一律由德負責保護。

3 月 16 日
二戰區
我軍在僧念、汾西間設伏，敵三、四百經過，被我擊斃百餘名。
國內
鄂中敵屢圖偷渡襄河，均告失敗。

敵機狂炸牯嶺，居民、外僑受害頗重。
國際
斯洛伐克及小俄羅斯正式宣告獨立。

3 月 17 日
二戰區
我軍克復浮山縣城，進迫安澤。
國內
鄱陽湖東岸戰事沉寂。
國際
英首相張伯倫發表演說斥希特勒不顧信義違背諾言。

3 月 18 日
二戰區
五台敵數百連日分犯窰頭，我正分頭痛擊。

我軍襲擊靜樂東之康家會，激戰澈夜。
國內
贛敵圖渡修河，與我展開激戰。

248 　閻錫山故居所藏第二戰區史料 **第二戰區抗戰大事記**（1937-1939）
Historical Documents of the Second Theater in the Yan Hsi-shan's Residence
The Daily Records of the Second Theater in the Second Sino-Japanese War, 1937-1939

國際

德向羅馬尼亞提出經濟方面之最後通牒。

美政府發表聲明譴責德國侵捷。

3月19日

二戰區

敵軍二千餘反攻浮山，正與我激戰中。

國內

敵機狂炸襄樊，本日共投彈在二百枚以上。

修河沿岸戰事甚烈。

國際

蘇聯向德政府發出通知，否認捷克被併。

3月20日

二戰區

靜樂敵二百餘犯下高崖與封神山，被我擊退。

國內

修河沿岸仍繼續激戰。

我軍在蘇北展開游擊戰，連克泗陽、寶應等五城。

國際

英外相與蘇大使談話，建議英、蘇合作。

3月21日

二戰區

黑龍關敵遭我連日襲擊，損失頗重，向臨汾退去。

安邑北張良、曹張之敵五、六百人向我進犯，當被

擊斃百餘人。

我軍一部夜襲堰掌（聞喜東南），斃敵七、八十人。

國內

贛敵渡過修河竄入灘溪北之泮溪市。

汪精衛在河內遇刺，曾仲鳴死，汪無恙。

國際

法總統勒白倫夫婦率同外長龐萊等，赴英報聘。

3 月 22 日

二戰區

由臨汾東援浮山之敵約千餘人，在浮山城西大陽附近與我激戰。

國內

贛敵陸海空聯合部隊大舉進犯南昌，正在修水南岸與我激戰。

軍事委員會內設戰地黨政委員會。

國際

立陶宛屬米美爾被德合併。

3 月 23 日

二戰區

張店、候王敵東向康家溝猛犯，被我擊斃三百餘。

我軍在靜樂東舖上村伏擊由康家會赴靜樂城之輜重車百餘輛，當場擊斃押運之敵四十餘，獲騾馬軍用品甚多。

浮山縣城又陷敵手。

250 | 閻錫山故居所藏第二戰區史料 **第二戰區抗戰大事記**（1937-1939）
Historical Documents of the Second Theater in the Yan Hsi-shan's Residence
The Daily Records of the Second Theater in the Second Sino-Japanese War, 1937-1939

國內

鄂沙洋我軍向對岸羅蓮寺敵砲轟數千發，予敵重創。

豫我軍反攻武寧大捷，斃敵千五百餘名。

3 月 24 日

二戰區

浮山敵增至二千餘，犯我大郎山陣地，經一晝夜之激戰，敵傷亡慘重，向西潰去，是役計斃敵官兵三百餘。

國內

贛敵本日四度向涂家埠東北之大王廟進犯，反復肉搏，敵終被擊退。

鄂中敵強渡襄河，被我擊潰。

3 月 25 日

二戰區

太原王封之敵百餘，犯我河口，我軍誘敵深入，予以痛擊，河口失而復得。

我軍反攻汾城。

二戰區軍政民高級幹部會議在秋林開幕。

解縣、安邑之敵蠢動，有犯芮城、平陸模樣，本日敵機十三架分襲平陸、茅津。

國內

贛敵竄至南昌附近之慈姑、萬壽宮等處，正與我守軍激戰中。

國際

紐約舉行反德示威運動，參加者不下十萬人。

3 月 26 日
二戰區

汾城、襄陵之敵向西進犯。

我軍向浮山、安澤之敵聯合進攻，在席家園殲敵七百餘。

盂縣北上社之敵七百餘、砲十數門，在飛機三架掩護下，向我進犯，我軍預伏於春門村，予敵猛襲，激戰六時，斃傷敵三百餘，獲步槍五十支、輕機槍十挺。

國內

南昌周圍大戰在演進中，贛江北岸之敵與我南昌砲兵發生激戰。

敵軍一部由生米街渡河，犯我南昌市區。

國際

墨索里尼在法西斯黨成立廿週紀念席上發表重要演說。

3 月 27 日
二戰區

由汾城西犯之敵約四、五百餘進至馬家溝（襄陵西北），我軍正予迎擊。

土門、黑龍關一帶之敵，向西進犯，被我擊斃七、八十人。

會攻浮山、安澤之我軍與敵激戰竟日，敵不支潰退。

敵機六架飛炸沁源縣城，投彈五十餘枚。

國內

南昌我守軍雖在敵密集砲火威脅之下，仍奮勇抵

252 | 閻錫山故居所藏第二戰區史料 **第二戰區抗戰大事記**（1937-1939）
Historical Documents of the Second Theater in the Yan Hsi-shan's Residence
The Daily Records of the Second Theater in the Second Sino-Japanese War, 1937-1939

抗。但有少數敵軍竄入市內，與我發生巷戰。

3月28日

二戰區

我軍克復浮山、安澤兩縣城。殘敵向臨汾、洪洞潰竄。

太原王封之敵，又向西蠢動，侵入河下村，經我反攻，斃敵甚多。

我軍連日在盂縣上社一帶與敵激戰，截至本日共斃敵二百餘。

國內

南昌近郊戰事極烈，敵我死傷均重。

國際

西國民軍領袖佛郎哥將軍入瑪德里城，西戰事終了。

3月29日

二戰區

晉南三角地帶之敵，近又蠢動，計由韓陽鎮、虞鄉、解縣廿里嶺分三股南竄，向芮城會犯。

夏縣、安邑之敵分兩路南犯我茅津及平陸。陷大坪頭及大臣村。

連日張店激戰，敵傷亡六、七百人。

國內

我軍自動發棄南昌城，自十八日以來，敵以四師團之眾向我南昌進攻，死傷萬餘，僅獲空城。

我反攻信陽，收復長台關。

國際

　　法總理達拉第，廣播講演駁斥義相元張。

3 月 30 日

二戰區

　　我軍在芮城城郊予敵重創後，轉移新陣地，芮城遂陷敵手。

　　平陸我軍反攻大臣村，與敵在風斜口一帶激戰，敵潰敗，傷亡六、七百人。

國內

　　我攻信陽獲勝，斃敵三百餘。

　　粵我軍反攻，克復沙坪。

國際

　　英政府擬定宣言保證援助波蘭。

3 月 31 日

國內

　　侵武寧敵，勢已疲滯，刻與我成對峙狀態。

國際

　　英相張伯倫在下院宣稱英已放棄妥協政策，改為抵抗政策。

　　日政府宣佈佔領斯巴特萊島。

254　閻錫山故居所藏第二戰區史料 **第二戰區抗戰大事記**（1937-1939）
Historical Documents of the Second Theater in the Yan Hsi-shan's Residence
The Daily Records of the Second Theater in the Second Sino-Japanese War, 1937-1939

4月1日

二戰區

　　企圖犯我平陸、茅津之敵，被我擊潰後，退聚張店、候王一帶，經我圍擊，大部退往運城、安邑。

　　平陸大小溝南一帶，敵我竟日激戰，敵死傷四百餘。

　　浮山附近坡頭一帶，敵我激戰。

國內

　　南昌空虛，高安東北有激戰。

　　敵佔新南群島。

國際

　　希特勒發表演說謂將廢止英德海軍協定。

　　美正式承認西國民軍政府。

4月2日

二戰區

　　我軍克復芮城，同時平陸方向我軍亦向北挺進，包圍張店。

　　晉中我游擊隊，在交城馮家崖底，伏擊由汾陽開赴交城之敵，共斃敵百餘。

　　敵酋杉山駐介休，指揮五千人，分五路犯我王和鎮。

國內

　　粵我軍克復江門，同時沙坪又陷敵手。

國際

　　日侵佔斯巴特萊島，法政府向日提出抗議。

　　日蘇漁業協定成立。

4月3日
二戰區

交城敵活動，我游擊隊分頭襲擊，斃敵百餘。

黑龍關西犯敵，經我在東坡里、峪里附近夾擊，不支退去，遺屍四十餘具。

由平遙、介休犯我沁源之敵，陷王和鎮。

國內

粵敵陷我新會縣城。

高安戰事，益趨激烈，敵擬沿贛湘公路向西進犯。

國際

英首相張伯倫在下院發表演說謂英政府正努力進行組織反侵略集團。

4月4日
二戰區

我軍反攻浮山，戰況甚烈，敵死傷達六、七百名。

我軍收復安澤縣城。

國際

波外相柏克在倫敦與英進行談話。

4月5日
二戰區

侵入王和鎮敵，經我連日襲擊，斃傷三、四百人。

由絳縣東犯窰寺頭敵，被我擊退，共死三百餘。

國內

粵我軍反攻再克新會。

256 　閻錫山故居所藏第二戰區史料 **第二戰區抗戰大事記**（1937-1939）
Historical Documents of the Second Theater in the Yan Hsi-shan's Residence
The Daily Records of the Second Theater in the Second Sino-Japanese War, 1937-1939

粵增城敵軍分路犯我陣地，雙方激戰甚烈。

鄂我軍向武勝關等地進攻。

高安敵偷渡綿河，三次均被我擊退。

國際

英正擬法、波等國商討軍略問題。

義國對阿爾巴尼亞提出保護要求。

英、波兩國簽訂軍事防守同盟。

4月6日

二戰區

我軍反攻洪洞西敵之重要據點萬安鎮，一度衝入村內，與敵激戰澈夜。

綏遠我軍一部衝入百靈廟，斃敵三、四百人。

國內

粵我軍克復江門。

贛敵猛犯我南昌東南之梁家渡，血戰半日，禪師嶺陷敵手。

國際

阿京反義空氣濃厚。

4月7日

國內

贛高安敵被迫北撤。

粵中從化太平場之敵四千餘北犯。

國際

義軍突進攻阿爾巴尼亞。

4月8日

二戰區

我游擊隊在祁縣北之左村，與敵千餘相遇，血戰半日，斃敵百餘。

國內

贛我軍克復高安。

粵中北犯之敵與我激戰甚烈。

國際

義軍佔領阿京地拉那。

4月9日

二戰區

神池敵分兩路西犯五寨。

國內

贛我各路部隊向南昌之敵反攻甚烈，刻已越過高安，向新奉挺進。

粵我軍克復花縣。

4月10日

二戰區

神池西犯之敵，侵入五寨。

中條山我軍全線向敵猛攻，張店、尉郭、二十里嶺等處，均有激戰。

國內

鄂我軍克復沙港，並包圍臼口。

我軍反攻開封，曾一度攻入城內。

258 | 閻錫山故居所藏第二戰區史料 **第二戰區抗戰大事記**（1937-1939）
Historical Documents of the Second Theater in the Yan Hsi-shan's Residence
The Daily Records of the Second Theater in the Second Sino-Japanese War, 1937-1939

國際

　　阿爾巴尼亞人，繼續向義抵抗。

4月11日

二戰區

　　平遙、祁縣敵約六千餘，繞攻子洪口，與我激戰甚烈。

　　侵入五寨之敵，續向岢嵐進犯。

　　靜樂敵向嵐縣進犯，經我軍在下板井、黃花煙一帶夾擊，斃敵甚眾。

國內

　　豫東我軍反攻開封，已有一部衝入城內。

國際

　　英國海軍在地中海採取緊張警戒。

4月12日

二戰區

　　聞喜一帶之敵，經我連日掃蕩，已失去聯絡。

　　我軍克復五寨縣城。

　　平遙王和敵千餘，犯我分水嶺，經我夾擊，傷亡甚眾。

　　我軍猛攻離石南北之大武、金羅二鎮，敵據險頑抗，傷亡百餘。

國內

　　粵我軍圍攻增城。

　　鄂中我軍反攻洋梓，與敵激戰甚烈。

我軍再度攻入開封城內，破壞敵偽機關多處。

4 月 13 日

二戰區

我軍圍攻張店，敵由安邑增援，被我腰擊於風口、冷口，死傷甚眾。

翼城敵二千餘，向我進犯，被我截為數段，倉皇向城內逃遺。

雁北我游擊隊，攻入渾源城內。

國內

鄂敵向鍾祥南北反攻，遭我痛擊，傷亡五百餘人。

國際

英軍在直布羅陀港採取防預措置。

4 月 14 日

二戰區

我軍進攻聞喜東之香山寺，幾經爭奪，敵我傷亡均重。

中條山一帶之敵遭我反攻，到處均有激戰。

國內

豫東我軍經數日之反攻克復通許。

國際

法、西邊境，互增軍隊，形勢緊張。

260 | 閻錫山故居所藏第二戰區史料 **第二戰區抗戰大事記**（1937-1939）
Historical Documents of the Second Theater in the Yan Hsi-shan's Residence
The Daily Records of the Second Theater in the Second Sino-Japanese War, 1937-1939

4月15日

二戰區

晉南三角地帶我軍仍繼續猛攻，萬泉敵數百赴安邑增援，被我截擊，傷亡二百餘。

夏縣堰掌鎮之敵被我圍攻，死傷甚眾。

國內

粵敵五千餘向我從化城東南進犯，我軍正在迎擊中。

鄂張截港之敵向我黑流渡進犯，經肉搏激戰後，不支退去。

國際

英、法兩國向蘇建議締結軍事同盟。

美大總統羅斯福致電希特勒、莫索里尼，呼籲和平。

4月16日

二戰區

聞喜敵增至二、三千人，猛烈反攻，正與我血戰中。

我進攻翼城部隊，已佔領城北關、西關。

國內

粵北敵八千餘分三路犯我派潭，我軍正在迎擊中。

4月17日

二戰區

我軍向新絳、稷山一帶反攻，數敗敵軍。

聞喜敵我經連日血戰，我佔領城南據點數處，敵遺屍七百餘具。

白晉公路分水嶺、權店及故城鎮、石盤鎮一帶之敵

約四、五千人，經我連日進擊，向北竄退。
國內

蔣總裁舉行國民公約宣誓並廣播致訓。

粵犯派潭之敵與我激戰甚烈，大部多不支。

蔣委員長答中外記者問，謂我們仍堅決抗戰到底，目前絕無和平餘地。

4 月 18 日
二戰區

同蒲西側我軍呼雛三角地帶戰事，連日一致出擊，臨汾、新絳、稷山等處，均有接觸。

綏遠我軍在固陽北襲擊，連日共毀敵汽車四輛，斃敵七十餘人。

國內

贛我軍圍攻武寧，已佔要點數處。

粵犯派潭之敵，被我擊潰，傷亡慘重。

國際

法當局宣稱英、法、蘇三國已成立諒解。

德艦四十餘艘駛往西班牙沿海一帶。

英、法艦一百五十艘集中地中海監視德艦行動。

4 月 19 日
二戰區

張店之敵企圖突圍未逞，被我擊斃百餘。

翼城敵二千餘，經我圍攻，受創甚鉅，一部圖突圍，又遭伏擊，死百餘人。

262 | 閻錫山故居所藏第二戰區史料 **第二戰區抗戰大事記**（1937-1939）
Historical Documents of the Second Theater in the Yan Hsi-shan's Residence
The Daily Records of the Second Theater in the Second Sino-Japanese War, 1937-1939

偏關被敵攻陷。

國內

粵我軍反攻新會，衝入城內，與敵發生巷戰。

粵北敵軍，經我連日分擊，紛紛敗退。

4月20日

二戰區

我軍在霍縣南之石灘村伏擊渡河之敵軍千餘激戰數小時後，敵遺屍三百餘具。

聞喜敵得援後，聯合步隊二、三千人，輔以飛機十餘架向我堰掌南北之線進犯。

翼城敵獲援後，共約三、四千人，向城東屋山村南北史村我軍陣地反攻，激戰竟日，終被擊退。

國內

粵新會江門線敵增援二千，我軍移集新會城郊。

豫我軍襲擊開封，曾佔領西關，焚敵倉庫，斃敵二百餘。

國際

波蘭當局發表聲明，堅決反對德築公路通過波蘭走廊。

4月21日

二戰區

晉東南我軍大捷，克復故城等地，斃敵千餘名。

聞喜我軍與敵展開血戰。

國內

粵我軍克復新街，敵死傷枕藉，向江村方面潰去。

4 月 22 日

二戰區

我軍迫近新絳城郊，並一度衝入城內。

夏縣城內，經我砲兵猛襲，數處起火，已陷入混亂狀態。

進攻汾西我軍，已迫近城郊與敵激戰。

由趙城西犯之敵，經我在申村東方高地阻擊，傷亡二百餘。

國內

粵我軍克復新街後，續向江門進迫。

4 月 23 日

二戰區

趙城騎兵百餘，企圖渡河西犯，經我截擊仍退回城內。

萬泉敵四、五百南竄，與我在水頭激戰。

國內

贛我軍再度收復高安、祥符觀、萬壽宮等地。

新會之敵大舉反攻，與我肉搏再三，形成膠著狀態。

4 月 24 日

二戰區

我軍圍攻翼城部隊，迫近城郊，與敵發生激烈爭

264 | 閻錫山故居所藏第二戰區史料 **第二戰區抗戰大事記**（1937-1939）
Historical Documents of the Second Theater in the Yan Hsi-shan's Residence
The Daily Records of the Second Theater in the Second Sino-Japanese War, 1937-1939

奪戰。

安邑、運城、萬泉、猗氏聯合敵千餘，分四路犯我稷山之王家莊一帶，經我軍截擊，斃傷敵百餘，仍在對戰中。

國內

贛我進攻奉新步隊，已迫近城郊。

贛我軍衝入南昌城內，與敵發生激烈巷戰。

國際

羅外長訪英外相開始進行談話。

4 月 25 日

二戰區

神池敵五百餘，向西北犯我辛窰村一帶，正與我激戰中。

圍攻浮山我軍，一度衝入城內，旋因敵援軍至，又復撤出。

我軍開始向黑龍關猛攻。

我軍攻入偏關城內，斃敵二百餘。

國內

我軍反攻徐州，已逼近城郊。

鄂中應山一帶敵增三、四千人，我不斷予以攻擊。

國際

英國向希特勒提出警告，謂德獨霸歐洲之企圖，英必然反抗之。

4 月 26 日

二戰區

神池北犯之敵侵入八角堡，我軍正大舉反攻。

犯我汾西磊上之敵，經我痛擊，潰竄霍縣。

文水、交城一帶敵我激戰數日，共斃敵三百餘人。

國內

贛我軍攻克高安東北敵之重要據點白石村，斃敵八百餘，軍用品甚多。

贛奉新城已陷我軍三面包圍中，敵屢增援，不斷與我激戰。

國際

英、羅兩外長會談後，雙方已成立諒解。

4 月 27 日

二戰區

敵向曲沃、翼城增援三千餘，分向我軍進襲，經我痛擊傷亡頗多，潰退城內。

我出擊稷王山部隊在萬泉東之溝來村、諫子村一帶與敵聯合步隊二千餘激戰。

國內

贛我軍圍攻南昌部隊又一度衝入市區，與敵發生巷戰。

4 月 28 日

二戰區

中條山一帶戰事甚烈，我空軍曾出動助戰。

266 | 閻錫山故居所藏第二戰區史料 **第二戰區抗戰大事記**（1937-1939）
Historical Documents of the Second Theater in the Yan Hsi-shan's Residence
The Daily Records of the Second Theater in the Second Sino-Japanese War, 1937-1939

黑龍關敵圖突圍未逞，我軍仍在圍殲中。

國內

南昌市大火，敵我在城東郊血戰。

粵敵三千餘犯鶴山，在全剛圩一帶與我激戰，敵死傷千餘。

國際

德宣告廢止一九三五年之英德海軍協定。

德照會波蘭政府聲明取消一九三四年之德波互不侵犯協定。

4月29日

二戰區

我軍迫近聞喜城郊與敵激戰。

國內

鄂我軍連日猛攻三陽廟敵死傷甚重，向宋河方向潰竄。

國際

希特勒在國會發表演說，答覆美總統羅斯福之去電。

4月30日

二戰區

我游擊隊在中陽屬黑嶺上，與敵數百遭遇實行伏擊，斃敵四十餘。

國內

贛我進攻南昌部隊克復向塘附近高地，敵後路已被截斷。

國際

德、意、日關於訂軍事同盟事，意見極為分歧。

268 閻錫山故居所藏第二戰區史料 **第二戰區抗戰大事記**（1937-1939）
Historical Documents of the Second Theater in the Yan Hsi-shan's Residence
The Daily Records of the Second Theater in the Second Sino-Japanese War, 1937-1939

5月1日

二戰區

洪洞、安澤敵千餘，附砲十餘門，分三路東犯。

我軍猛攻平遙南關鎮，斃敵八、九十。

敵華北總司令官杉山到晉南視察。

國內

贛圍攻奉新我軍，再度猛攻，已佔領城西南要點
數處。

全國國民精神總動員本日起一律開始實施，蔣委員
長特向全國廣播演講。

5月2日

二戰區

閻司令長官發表代表軍政民高級幹部會議告全區人
民書。

河津城北連日激戰，共斃敵三、四百人。

安邑敵六、七百，向我夏縣張郭店、軍家嶺進犯，
並施放大量毒氣，我軍奮勇接戰，敵死傷枕籍。

國內

皖偽剿匪司令荀家雲，率部千餘人，在懷遠反正。

贛北我軍佔領張公渡。

鄂北敵軍，集中兵力，向我猛犯。

5月3日

二戰區

犧公總會電請通緝汪逆精衛。

洪洞、安澤東犯之敵，經我在南北陳學、小店村等地截擊，斃傷敵四、五百人。

國內

鄂中我軍渡河出擊，克復多寶灣等據點。

敵機四十五架狂炸渝市，被我擊落三架。

贛圍攻奉新部隊又斃敵四百餘人。

蘇我軍攻入宜興城內。

國際

德報攻擊波蘭之論調甚烈。

日向上海租界當局提出要求：

（1）增強日在租界內之警察權。

（2）絕對制止中國人愛國活動。

（3）取得租界內中國法幣及現金。

5 月 4 日

二戰區

河津一帶激戰，敵傷亡奇重，我軍乘勝進迫縣城。

晉南偽皇協軍特務第九大隊，在臨晉城西反正，格殺敵軍官十餘名。

國內

我空軍飛贛北轟炸敵砲兵陣地。

敵機廿七架空襲渝市，我平民死傷極多。

我攻入宜興部隊與敵巷戰一夜，又復退出。

國際

俄人民外交委員長李維諾夫職辭，遺缺由人民委員長莫洛托夫兼任。

270 | 閻錫山故居所藏第二戰區史料 **第二戰區抗戰大事記**（1937-1939）
Historical Documents of the Second Theater in the Yan Hsi-shan's Residence
The Daily Records of the Second Theater in the Second Sino-Japanese War, 1937-1939

5月5日

二戰區

河津敵千餘連日在西礦口與我激戰，敵傷亡數百名。

敵由太原向五台增援五千餘，同時東冶亦增敵千餘。

國內

鄂我軍連日向敵施行猛烈追擊，已將漢宜公路切斷。

贛我軍又向南昌猛攻，展開激烈之白刃戰。

鄂中隨縣以東敵我激戰。

國際

英首相張伯倫在下院宣稱，英、蘇兩國仍賡續進行談判。

5月6日

二戰區

新由平津增到晉南之敵約五千、六千。

國內

贛圍攻南昌我軍已完成三面包圍之勢。

鄂敵在隨縣以東，遭我阻擊，傷亡千餘。

晚我軍圍攻安慶城，反復衝殺，斃敵極眾，並乘勝衝入城內。

國際

張伯倫拒絕蘇聯之締結對希特勒英、法、蘇三國軍事同盟，法方表示失望。

5月7日

二戰區

洪洞、萬安敵千餘蠢動，我軍已予以嚴密監視。

大武敵千餘，分兩股西犯，經我軍迎頭痛擊，仍退回原處。

國內

贛我圍攻南昌部隊，曾一度衝至市內之金盤路。

鄂北、豫南敵圖犯襄樊，已與我展開激戰。

全國生產會議在渝開幕。

5月8日

二戰區

太原王封之敵四百餘犯我六家河及河口陣地，與我激戰甚烈。

我軍反攻河津北固鎮及西磑口之敵。

國內

贛我軍收復高安以北各據點，並進攻北大嶺敵。

豫信陽敵千餘，向我小林店進犯。

國際

英外次白特勒在下院對議員答稱，將調停德、波糾紛。

西國民軍政府決定退出國聯。

5月9日

二戰區

盤據中陽之敵七百餘，經我猛烈圍攻，斃敵二、三

272 | 閻錫山故居所藏第二戰區史料 **第二戰區抗戰大事記**（1937-1939）
Historical Documents of the Second Theater in the Yan Hsi-shan's Residence
The Daily Records of the Second Theater in the Second Sino-Japanese War, 1937-1939

百名。

五台豆村敵二千餘陷耿鎮、高洪口，續向台懷鎮進犯。

國內

鄂東我軍連日出擊，在黃安、河口等處，斃敵四、五百人，同將皂市方面，我軍猛襲，亦斃敵三、四百人。

鄂敵由鍾祥北竄，已抵離襄樊四十餘里地方。

5月10日

二戰區

盤據黃河渡岸關河之敵八百餘人，經我猛烈襲擊，死傷五百餘，殘敵向偏關潰去。

和順敵六百餘，侵入遼縣東北之寒武鎮、清和店，仍有南犯企圖。

國內

豫敵千餘，竄抵新野，我軍以眾寡懸殊，暫移駐郊外。

國際

英首相張伯倫在下院演說，謂英、蘇談判有誤會。

5月11日

二戰區

靜樂敵四百餘，分三路向我進犯，經我軍在浮曹會迎擊，與敵肉搏數次，仍退回原處。

晉南偽皇協軍尚武傑等紛紛在臨晉反正。

國內

豫我軍反攻新野，經半日激戰，縣城又被我克復。

國際

義相莫索里尼在都林發表演說，謂西歐各國無和平誠意，歐洲目前絕難引起戰爭。

偽蒙邊境諾蒙坎及哈勒欣河一帶，日、蘇發生衝突。

5 月 12 日

二戰區

雁北偽保安總隊長喬日成率隊一千三百名，在應縣反正。

國內

敵機廿七架襲渝與我發生激烈空戰。

粵我軍猛攻江門、新會，並一度衝入新會城。

敵陸戰隊在鼓浪嶼登陸。

豫敵二千餘，分三路犯唐河，正與我激戰中。

豫敵二千餘犯我桐柏縣。

5 月 13 日

二戰區

五台敵千餘由台懷鎮竄入台城。

國內

豫我軍克復唐河縣城，並斃敵千餘。

鄂漢宜公路之敵，自我收復瓦廟集後，已被截成數段。

274
閻錫山故居所藏第二戰區史料 **第二戰區抗戰大事記**（1937-1939）
Historical Documents of the Second Theater in the Yan Hsi-shan's Residence
The Daily Records of the Second Theater in the Second Sino-Japanese War, 1937-1939

5月14日

二戰區

　　離石敵百餘，由李家灣、賀家嶺等地向我陣地進犯，經我奮勇迎擊，斃傷敵四十餘名。

國內

　　豫南殘敵，大部潰退，我軍正在追擊中。

國際

　　關於組織反侵略集團事，蘇覆文英國，仍堅持相互保障之主張。

5月15日

二戰區

　　汾西敵千五百餘分三路西犯，侵入勍香鎮。

　　繁峙沙河大營之敵千餘，為呼應五台北犯之敵，自七日起分向台懷鎮南犯，經我軍在大營截擊，血戰七晝夜，卒將敵包圍於土樓子以北上下細腰一帶，陸續猛攻，共斃敵五百餘人。

　　汾西敵五百餘犯我閆馬山、樓家原一帶，遭我伏擊，斃傷百餘。

國內

　　豫唐河以南之敵軍千餘，經我猛烈逆襲，向東南逃去。

　　鄂隨縣敵經我戰後零落不堪，我軍正向之挺進攻擊中。

國際

　　英首相張伯倫宣稱英、蘇談判將在日內瓦繼續舉行。

5月16日

二戰區

侵入劫香之敵，繼續西進，刻正在暖泉井山一帶與我激戰。

靈石敵千餘，侵入雙池。

國內

鄂我軍圍攻臼口，並攻佔鄭家橋。

蘇我流動部隊衝入徐州城，焚燬敵彈藥庫。

豫我軍克復桐柏縣。

魯我軍一度衝入濟南市內。

國際

關於組織反侵略集團事，英提出新對案，蘇仍表示不滿。

5月17日

二戰區

由汾西西犯之敵，經我軍在老爺嶺猛烈反攻，激戰終夜，敵不支，仍退回劫香。是役敵傷亡約三百餘人。

國內

鄂北襄樊四周連日大戰，敵精銳步隊均被擊破。

豫我軍克復桐柏後，向敵追擊，敵紛紛東潰。

5月18日

二戰區

風陵渡敵又向東進犯，我軍正在截擊中。

276 | 閻錫山故居所藏第二戰區史料 **第二戰區抗戰大事記**（1937-1939）
Historical Documents of the Second Theater in the Yan Hsi-shan's Residence
The Daily Records of the Second Theater in the Second Sino-Japanese War, 1937-1939

國內

鄂棗陽敵，受我壓迫，全部向東南撤去。

5月19日

二戰區

勛香敵向東北撤退。

侵入雙池敵，分兩路向西北竄擾，已有一部侵入大麥郊。

國內

粵我軍反攻增城、從化、花縣等地，戰事極烈。

汪逆精衛飛日。

5月20日

二戰區

我軍襲擊土門，激戰終夜，今早將土門克復。

太原王封之敵犯我河口南森防地，經我圍襲斃敵四十餘名。

我軍襲擊臨汾縣屬之澗頭，當將該處克復。

國內

王外長發表聲明謂：列國對制止日寇侵略，應採取集體行動，中國堅持抗戰不至正義戰勝暴力不止。

鄂中我軍克復皂市，並斃敵五百餘。

國際

德、義兩國在柏林簽訂軍事政治同盟。

5 月 21 日

二戰區

曲沃敵向翼城增援，被我截擊退去。

國內

鄂大洪山一帶敵我激戰結果，敵傷亡千餘人。

蘇敵千餘，向我高郵猛犯，我軍分頭迎擊，戰況甚烈。

汪逆精衛由日返滬。

武昌敵千餘譁變。

國際

德、波邊境發生糾紛。

5 月 22 日

二戰區

曲沃敵約三千餘，分路東犯，我軍正在迎頭痛擊中。

國內

鄂中我軍迫近京山城郊。

國際

國聯行政院常會今日開會。

5 月 23 日

二戰區

我軍由趙城屬登臨村渡汾破壞附近鐵道，與敵遭遇，激戰後，斃敵數十。

國內

湘北新墻河北岸敵我激戰結果，敵死傷千餘。

278 | 閻錫山故居所藏第二戰區史料 **第二戰區抗戰大事記**（1937-1939）
Historical Documents of the Second Theater in the Yan Hsi-shan's Residence
The Daily Records of the Second Theater in the Second Sino-Japanese War, 1937-1939

魯我軍攻克安邱，並斃敵二百餘名。

5月24日

二戰區

曲沃東犯敵與我軍在翼城東南北常鎮、南樊鎮一帶激戰。

國內

鄂北我軍收復隨縣。

湖北新墻河北岸敵軍被我擊潰。

津敵向英租界提出新要求。

國際

我出席國聯代表顧維鈞發表演說，謂各會員國援助中國。

暹羅改國名為泰國。

5月25日

二戰區

定襄胡村之敵三百餘，遭我襲擊，傷亡九十餘。

國內

敵機約四十架分三批夜襲渝市。

鄂敵六、七千人犯我洪山、隨縣，正於我軍相持中。

5月26日

二戰區

勛香敵四百餘，犯克城，遭我伏擊敗退。

張店敵三百餘犯連家溝，被擊退。

翼城敵二千向我甘泉猛攻。

國內

敵宣佈封鎖我國沿海，禁第三國航行。

5 月 27 日

國內

湘敵再向我新墻河北岸進犯，被擊退。

國際

國聯行政院通過決議案，對我表示同情。

5 月 28 日

二戰區

中陽敵千餘經野山邱西竄，遭我伏擊，混戰竟日，遺屍數十退去。

國內

鄂中我軍圍攻鐘祥，戰況頗烈。

風陵渡砲戰甚烈。敵被我擊斃百餘。

鄂我軍放棄鐘祥南之多寶灣。

5 月 29 日

二戰區

離石大武敵二千餘分三路犯我峪口。

黑龍關敵企圖東竄未逞。

國內

鄂天岳、漢宜兩路均有激戰。

280   閻錫山故居所藏第二戰區史料 **第二戰區抗戰大事記**（1937-1939）
Historical Documents of the Second Theater in the Yan Hsi-shan's Residence
The Daily Records of the Second Theater in the Second Sino-Japanese War, 1937-1939

5月30日

二戰區

由翼城進犯甘泉之敵與我激戰數日，傷亡千餘，大部退去。

由離石大武鎮侵入石坪敵，續向峪口，三交進犯，經我猛烈截擊，斃敵五百餘。

5月31日

二戰區

由勍香竄汾西之敵七、八十人，押馱騾五十餘頭，在狗咬圪塔與霍家坪間，遭我伏擊，傷亡五十餘。

臨汾敵二百餘向土門進犯，經我側擊，潰退原處。

中陽敵犯萬年堡，經我猛烈迎擊，潰退。

國內

鄂侵入岳口之敵，強渡襄河，被我擊退。

國際

蘇聯外交人民委員長在蘇聯最高會議席上發表演說，對英、法草案仍表不滿。

6月1日
二戰區
　　中、離之敵近由太、榆等處調集大軍兩萬餘，附砲三十餘門、汽車二百輛，向西進犯，一路二千餘犯磧口，一路四、五千犯柳林。

　　我軍襲擊趙城，斃傷敵四、五十人。

　　敵三、四千由南北兩路圍攻稷王山，被我擊斃百餘人。
國內
　　鄂鍾祥南竄之敵，被我連日猛襲，已潰不成軍。
國際
　　法當局擬出任調停英、蘇談判。

6月2日
二戰區
　　離石敵四千餘，分三路犯我柳林，本日晨侵入留譽鎮。

　　犯萬年堡敵，被我擊潰，傷亡百餘。
國內
　　鄂天門敵分犯我漁新河、石家河等地，均被擊退。
國際
　　關於成立英、法、蘇互助協定事，蘇對英、法草案提出覆文。

282 | 閻錫山故居所藏第二戰區史料 **第二戰區抗戰大事記**（1937-1939）
Historical Documents of the Second Theater in the Yan Hsi-shan's Residence
The Daily Records of the Second Theater in the Second Sino-Japanese War, 1937-1939

6月3日

二戰區

　　侵入留譽之敵，續犯三交，與我堵擊部隊發生激戰。

　　永濟敵集中風陵渡，企圖強渡，被我擊斃二千五百餘。

　　向我離石馬頭山進犯之敵，經我迎頭痛擊，斃傷二百餘。

國內

　　鄂敵犯毛家咀，經我猛烈進擊，敵傷亡慘重。

　　贛我軍進攻奉新，連克鳳凰山、鴉鳩嶺等地。

6月4日

二戰區

　　我軍襲擊趙城之辛置車站，斃敵五十餘名。

　　侵入磧口之敵，一部五、六百轉向東南犯軍渡。

6月5日

二戰區

　　柳林、軍渡被敵侵入。

國內

　　粵西江我軍出擊，三水、順德之敵感受威脅。

6月6日

二戰區

　　張店敵二千餘，分犯我軲轎、下牛等村，我軍略向後轉移。

敵軍六千餘圍攻柳林，我軍奮戰兩晝夜，雙方死傷均重，柳林卒陷敵手。

我軍克復大武鎮。

國內

湘我軍已將桃林東南大離之敵掃蕩淨盡。

上海綸昌英籍職員被日軍逮捕。

6月7日

二戰區

張店南犯之敵與我在大臣村一帶激戰，並向平陸猛犯。

黑龍關敵二百餘，向我陣地進犯，對戰數時，敵死傷二十餘退去。

國內

湘新墻河北岸我軍大捷，敵死傷四千餘。

國際

德與愛、拉兩國在柏林各簽訂互不侵犯條約。

6月8日

二戰區

敵軍侵入平陸縣城。

臨晉偽皇軍尚老四全部反正。

國內

湘北油港西岸無敵踪，岳陽在我空制中。

津敵向英租界當局提出最後通牒，要求交出暗殺程錫庚之嫌疑犯。

284 | 閻錫山故居所藏第二戰區史料 **第二戰區抗戰大事記**（1937-1939）
Historical Documents of the Second Theater in the Yan Hsi-shan's Residence
The Daily Records of the Second Theater in the Second Sino-Japanese War, 1937-1939

國府明令通緝汪精衛。

6月9日

二戰區

我軍由南北兩路向柳林、穆村之敵猛烈進攻。

敵數路會犯茅津，更以飛機多架更番轟炸，我軍曾一度退出。

勋香敵二百餘，犯我克城，被擊退。

土門、黑龍關、萬安之敵千餘，分五路犯我羅莊，激戰半日，敵傷亡九十餘潰去。

國內

粵我軍夜襲增城之福和圩，克之。

敵機二十一架襲渝，被我機擊落三架。

6月10日

二戰區

我軍克復柳林。

我軍反攻茅津克之。

山西全省總工會在□□召開擴大幹部會議。

國內

敵在佔領區內，竭力鼓動反英，英領事特向日方提出抗議。

我空軍飛粵垣，炸毀敵彈藥及食糧倉庫數座。

國際

關於三國互助協定事，英、法已擬定新方案，備交英外務部，中歐司司長史特郎攜往莫斯科商討。

英王及后行抵紐約。

6 月 11 日
二戰區
侵犯平陸之敵，大部竄退中條山北。小臣村南坡一帶有敵二千餘，西牛、下牛及張店以南有三千餘，均在我圍攻中。

我軍夜襲趙曲以東城南村、古社村之敵，當斃敵七十，傷三十餘。
國內
敵機廿七架分襲渝、蓉兩市，被我在渝市上空擊落三架，蓉市遭燃夷彈焚燒甚鉅。

湘北我軍全面反攻，前鋒達距岳陽三十華里之地點，敵死亡五百餘。

我空軍飛襲廣州，投彈百餘。

6 月 12 日
二戰區
我軍克復柳林後，繼續向東追擊，先頭部隊已達離石附近。
國內
魯敵兩萬餘會犯蒙因，經我痛擊，敵傷亡二千餘。
國際
英通過後備兵役法，海陸空召集後備兵入伍。

美總統羅斯福發表演說，謂此次英王偕后到美，表示兩國親善友誼。

286 閻錫山故居所藏第二戰區史料 **第二戰區抗戰大事記**（1937-1939）
Historical Documents of the Second Theater in the Yan Hsi-shan's Residence
The Daily Records of the Second Theater in the Second Sino-Japanese War, 1937-1939

6月13日
二戰區
平陸東北方面，戰事轉劇，張店、候王及輅轎、大寬村之敵約三千餘，向我進犯，正在槐樹平、榆樹凹一帶對戰。
國內
湘北我敵在麻布、大山、新開塘等處劇戰，斃傷敵八百餘。
國際
英外務部中歐司司長史特郎動身赴蘇襄助英使與蘇談判締結之國協定事。

6月14日
二戰區
臨汾西側之敵，由里龍關、土門等處西犯，經我各路迎擊，相繼克復南里灣、十字廟等據點。

敵軍四、五千人向張茅公路以東進犯，與我展開血戰。

敵軍千餘在新絳之囑望村宿營，我軍夜往襲擊，敵驟不及防倉卒應戰，傷亡百餘。
國內
駐津日軍司令發表布告，自本日晨六時起封鎖英租界。
國際
駐日英使訪日外相商討天津局勢。

美眾院外委會通過新中立法案。

6 月 15 日

二戰區

汾城敵千餘，向沿山一帶進犯，我軍在三官峪、豁都峪等處夾擊，敵傷亡百餘，狼狽東退。

我軍夜襲張店南淹底之敵，敵不支潰去。

敵聯合步隊三千餘，分三路犯武鄉、沁縣，正與我在分水嶺南激戰。

山西總工會擴大幹部會議閉幕。

國內

津敵糾集流氓及日、韓浪人六、七千，企圖闖入英租界。

國際

美駐日大使格魯返國謁羅總統協議遠東局勢。

6 月 16 日

二戰區

我游擊隊衝入霍縣南之辛置車站，斃敵六十餘。

由平遙南關南犯敵約五千餘，陷我沁縣北之權店、故城鎮及榆社西之石壁，我援軍趕到，又將該處收復。

國內

鄂南陽新敵我發生激戰。

津敵嚴屬封鎖租界，英領特向日領提出抗議。

國際

我國與蘇聯簽定通商條約。

288 | 閻錫山故居所藏第二戰區史料 **第二戰區抗戰大事記**（1937-1939）
Historical Documents of the Second Theater in the Yan Hsi-shan's Residence
The Daily Records of the Second Theater in the Second Sino-Japanese War, 1937-1939

6月17日

二戰區

晉南我軍下令總攻，平陸之毛家山、大臣村相繼被我克復。旬日來張茅線上，敵傷亡不下六、七千。

萬安、汾西之敵各三百餘西犯蒲縣楊家窰、磊上等地，均經我擊退。

我軍襲擊康家會之敵，共斃敵百餘，獲步槍三十餘支。

國內

鄂我軍襲擊通城北港以西之敵，當斃敵百餘。

鄂黃梅附近擊落敵轟炸機一架，敵酋東冶少將以下十一名同斃命。

國際

英政府就天津局勢發表聲明。

6月18日

二戰區

黑龍關敵七百餘，分兩股西犯，並一度侵入南曜村，我軍在屯里東西兩山猛烈射擊，激戰九時，敵受創退去。

我在西馬坊、扶頭會一帶迎擊由靜樂前進之敵，當斃傷敵八十餘名。

雁北敵三千餘與我第二區專署所屬之幹教總隊激戰於大同東之團寶山。我楊總隊長玉鐘以下軍政幹部六十七人殉焉。

國內

我空軍一隊飛南昌轟炸敵軍陣地。

6 月 19 日

二戰區

五台敵二、三千人，向我窯頭教場、柏蘭一帶進犯，我軍奮勇出擊，戰況至烈。

國內

津敵封鎖英租界更趨嚴厲，並稱自本晚起將租界四週之鐵絲網通電流。

6 月 20 日

二戰區

黑龍關敵八、九百人，分兩股西犯，被我擊退。

聞喜東柏底、考泰廟之敵各四、五百，於敵機五架掩護下，向我西溝、店上一帶進犯，我軍正在迎擊中。

敵軍萬五千餘分四路會犯垣曲。

五台敵陷我柏蘭。

國內

天津英租界義勇隊奉令動員。

6 月 21 日

二戰區

沿白晉路南犯之敵與我在分水南激戰甚烈。

敵軍萬餘由聞喜、絳縣、橫嶺關、夏縣等處會犯垣曲，自本日起，各線均有激戰，尤以言家山為烈。

290 ｜ 閻錫山故居所藏第二戰區史料 **第二戰區抗戰大事記**（1937-1939）
Historical Documents of the Second Theater in the Yan Hsi-shan's Residence
The Daily Records of the Second Theater in the Second Sino-Japanese War, 1937-1939

犯垣曲敵陷我皋落鎮。

國內

敵艦艇四十餘艘，附飛機十架，侵犯汕頭，我軍正在猛烈抗戰中。

國際

蘇外交人民委員長莫洛托夫與英、法使討論三國協定問題。

6月22日

二戰區

我軍放棄垣曲，撤至兩側，包圍敵軍。

國內

滬敵造謠，擾亂上海金融，我政府採緊急措置。

粵三水敵向我進擾，被擊退。

汕頭市內，敵我激戰甚烈。敵空軍亦濫施轟炸，旋我軍退據庵埠抵抗。

國際

英、法軍事當局在新嘉坡會議，商兩國戰略行動之合作問題。

偽蒙邊境，日、蘇空軍大戰，日偽機被擊落者共五十六架。

6月23日

二戰區

垣曲皋落大道敵軍萬餘與我在王茅鎮及皋落西南地區整日鏖戰，情況至烈。

偃掌東南之馬家廟、東西普峪一帶敵我爭奪甚烈，敵施放大量毒瓦斯。

五台敵續犯羅家莊，經我伏擊，傷亡甚重，餘向五台城潰去。

國內

汕頭市被陷，我軍退西北郊，繼續抗戰。

津英領署為英僑被日方迫令去衣受檢查事，提出強硬抗議。

國際

法土互助協定在土京簽字。

6月24日

二戰區

垣曲敵向我南岸砲擊，我亦隔河還擊，雙方砲戰甚烈。

翼城敵一千五百餘，經南常村犯小神店、裴家鎮一帶，經我擊潰，傷亡極眾。

國內

我生力軍開至汕頭附近，與敵展開激戰。

我軍反攻汕頭附近之庵埠、梅溪，斃敵甚多。

粵江門、新會敵四百餘，向我平地嶺附近進犯。

國際

英、法新嘉坡軍事會議決議：遠東發生戰事，英方任聯軍司令。

閻錫山故居所藏第二戰區史料 **第二戰區抗戰大事記**（1937-1939）
Historical Documents of the Second Theater in the Yan Hsi-shan's Residence
The Daily Records of the Second Theater in the Second Sino-Japanese War, 1937-1939

6月25日

二戰區

我軍克復垣曲。

進犯垣曲之敵，經我前、昨兩日，分途猛攻，傷亡兩千餘，現大部分向聞喜、夏縣及皋落以北潰退，我軍正乘勝追擊。

黑龍關敵五百餘，犯我石泉灣、邱家山，被擊退，敵死傷五十餘。

國內

敵機械化部隊沿潮汕路北犯，與我在庵北十里之彩堡激戰。

敵在北平組織經濟對策委員會，謀長期封鎖津租界。

6月26日

二戰區

我軍克復垣曲之皋落鎮。殘敵向夏縣、聞喜逃退。

安澤敵七百餘，侵入古陽村，刻正與我軍在安澤北東山嶺激戰。

平、介、祁、太一帶敵向白晉路北段集結。

國內

鄂中我全線出擊，敵退入潛江城內。

國際

英閣外交委員會開會考慮遠東局勢。

6 月 27 日

二戰區

由垣曲退皐落，繼退橫嶺關之敵，經我沿途夾擊，敵在馬家山、言家山一帶，堆屍如山，拋棄輜重軍械甚多。

張店、候王之敵六、七百人，犯我家軍嶺、蘇韓村、呂家凹等地，被我擊退，遺屍數十具。

國內

粵敵由汕頭溯江西犯楬陽，正與我軍混戰中。

粵敵陸空連合分兩路猛撲潮安城郊，經一度激烈巷戰後，我軍轉移城郊。

國際

偽蒙邊境衝突愈烈，並不斷發生空戰。

6 月 28 日

二戰區

絳縣敵連日增加共約萬餘，本日起分三路經大交鎮向翼城進犯，已與我軍接觸。

我軍向偏關之敵猛襲。

我軍向靜樂出擊，與敵在豆兒嶺一帶遭遇，激戰六小時，斃傷敵五十餘名。

國際

英外相發表聲明，英不為強力所屈服，決心抵抗侵略。

294 　閻錫山故居所藏第二戰區史料 **第二戰區抗戰大事記**（1937-1939）
Historical Documents of the Second Theater in the Yan Hsi-shan's Residence
The Daily Records of the Second Theater in the Second Sino-Japanese War, 1937-1939

6月29日

二戰區

洪、趙及汾西敵二千餘西犯，經我分頭痛擊，傷亡二百餘，仍向原路退去。

由安澤、古陽北犯沁源敵，經我軍奮勇衝擊，連克尖頭、里辛莊等地，並斃敵二百餘。

洪洞、臨汾敵各千餘經古羅、大陽鎮東犯，被我軍阻擊於西屋嶺（浮山東北）附近。

國內

我王外長向歐洲廣播講演，謂日寇決心排除列強在華利益。

粵我出擊部隊克復從化屬之神岡。

汪逆由滬赴平。

國際

德人四千入但澤市加入該市國社黨所組織之義勇隊。

6月30日

二戰區

向晉公路敵大部集權店，本日午一部七百餘，向南進犯，與我在沁縣北之南營市一帶激戰。

晉南我軍，向張店、夏縣進襲，斃敵數十。

國內

粵新會、江門方面，我軍連日襲擊，斃傷敵百餘名。

國際

德國社黨在但澤市內活動益積極，挺進隊一隊開入市內。

波蘭對於但澤市內之態度，較前強硬。

英、法、蘇談判停動。

296 閻錫山故居所藏第二戰區史料 **第二戰區抗戰大事記**（1937-1939）
Historical Documents of the Second Theater in the Yan Hsi-shan's Residence
The Daily Records of the Second Theater in the Second Sino-Japanese War, 1937-1939

7月1日

二戰區

新絳西楊趙河敵一部竄稷山之泉掌鎮，經我伏擊，傷亡百餘。

安澤屬之府城、良馬兩地增到敵軍數千。

晉西北敵千餘分由朔縣、乃何堡、神池、樓溝堡等地向利民堡、八角堡進犯，我軍於消耗敵力後，即向側翼撤退。

7月2日

二戰區

平定敵千餘開和瑞。

國內

財部發言人對公佈非常時期禁止進口物品辦法之意義發表談話。

蘇北我軍攻入漣水及准安。

粵潮汕路我軍克復浮洋。

國際

貝諾爾湖附近日向蘇蒙挑釁。

英首相張伯倫廣播講演，謂英國反抗侵略已具決心。

7月3日

二戰區

和順敵二千餘，分兩路南犯，我軍沿途截擊，斃傷敵極眾。敵一部竄擾遼縣城。

安澤府城鎮敵東犯，侵入良馬。

國內

　　粵我軍攻入新會，迫近江門。

國際

　　將軍廟、諾蒙坎一帶日、蘇有激戰。

7月4日

二戰區

　　和順南犯之敵，經我軍全線出擊，激戰一晝夜，敵屍遍田野，刻仍在激戰中。

　　敵三、四師團，分沿白晉、洪屯、翼晉等公路向晉東南大舉進犯。

7月5日

二戰區

　　白晉路敵八、九千南犯陷武鄉、沁縣。

國內

　　敵機卅餘架，夜襲渝市。

7月6日

二戰區

　　翼城、絳縣之敵分三路東犯，與我展開劇烈戰鬥。

　　白晉路之南關鎮、權店一帶敵八千餘，連日與我戰鬥甚烈。另一部千餘犯王和鎮以南地區，昨、今兩日被我擊斃四百餘。

　　遼縣敵續犯榆社。

298 閻錫山故居所藏第二戰區史料 **第二戰區抗戰大事記**（1937-1939）
Historical Documents of the Second Theater in the Yan Hsi-shan's Residence
The Daily Records of the Second Theater in the Second Sino-Japanese War, 1937-1939

7月7日

二戰區

本戰區各界在興集舉行抗戰建國二週年紀念大會。

閻司令長官發表「改正祇顧部分權利基礎工作的錯誤，努力抗戰上共同需用的效用工作」。

敵軍二、三千沿翼晉公路東犯，進佔隆化鎮，敵機十五架轟炸西閣村一帶。

安澤敵千餘東犯陷沁源。

國內

全國各地舉行抗戰建國二週年紀念大會。

蔣委員長發表：「告世界友邦書」、「告日本民眾書」、「告全國軍民書」。

我空軍飛粵北從化、神岡一帶襲擊敵陣地。

民國史料 59

閻錫山故居所藏第二戰區史料
第二戰區抗戰大事記
（1937-1939）

Historical Documents of the Second Theater
in the Yan Hsi-shan's Residence
The Daily Records of the Second Theater in the Second
Sino-Japanese War, 1937-1939

原　　編	第二戰區司令長官司令部現代化編譯組
編　　輯	民國歷史文化學社編輯部
總 編 輯	陳新林、呂芳上
執行編輯	林弘毅
封面設計	溫心忻
排　　版	溫心忻
助理編輯	劉靜宜

出　　版　　開源書局出版有限公司

香港金鐘夏慤道 18 號海富中心
1 座 26 樓 06 室
TEL：+852-35860995

民國歷史文化學社 有限公司

10646 台北市大安區羅斯福路三段
37 號 7 樓之 1
TEL：+886-2-2369-6912
FAX：+886-2-2369-6990

http://www.rchcs.com.tw

初版一刷	2022 年 4 月 30 日
定　　價	新台幣 400 元
	港　幣 110 元
	美　元　15 元
I S B N	978-626-7036-84-6
印　　刷	長達印刷有限公司

台北市西園路二段 50 巷 4 弄 21 號
TEL：+886-2-2304-0488

資料提供：臺北市政府文化局
　　　　　閻伯川紀念會

國家圖書館出版品預行編目 (CIP) 資料

閻錫山故居所藏第二戰區史料：第二戰區抗戰大
事記 (1937-1939) = Historical documents of the
second theater in the Yan Hsi-shan's residence
: the daily records of the second theater in the
Second Sino-Japanese War, 1937-1939/ 第二戰
區司令長官司令部現代化編譯組原編 .-- 初版 .--
臺北市：民國歷史文化學社有限公司 , 2022.04
　　面；　公分 .-- (民國史料 ; 59)

ISBN　978-626-7036-84-6　（平裝）

1.CST: 中日戰爭　2.CST: 史料

628.5　　　　　　　　　　　111005448